总裁
商业思维

严兆海◎著

企业管理出版社
ENTERPRISE MANAGEMENT PUBLISHING HOUSE

图书在版编目（CIP）数据

总裁商业思维 / 严兆海著．—北京：企业管理
出版社，2019.3
ISBN 978-7-5164-1864-2

Ⅰ.①总…　Ⅱ.①严…　Ⅲ.①商业经营　Ⅳ.
①F715

中国版本图书馆CIP数据核字（2019）第 002861 号

书　　名：总裁商业思维

作　　者：严兆海

责任编辑：宋可力

书　　号：ISBN 978-7-5164-1864-2

出版发行：企业管理出版社

地　　址：北京市海淀区紫竹院南路 17 号　邮编：100048

网　　址：http://www.emph.cn

电　　话：编辑部（010）68416775　发行部（010）68701816

电子邮箱：qygl002@sina.com

印　　刷：北京联兴盛业印刷股份有限公司

经　　销：新华书店

规　　格：787mm×1092mm　1/16　17.75 印张　194 千字

版　　次：2019 年 3 月第 1 版　2019 年 3 月第 1 次印刷

定　　价：68.00 元

改变，从思维开始

岁月如梭，人类历史已经到了互联网时代。现在，我们所处的是一个转折和变革的时代，是一个需要思考和创新的时代，是一个需要解放思想的时代。隐藏在这种天翻地覆的改变背后的，是思维的转变。俄国作家托尔斯泰曾说：思想，就是推动自己和全人类的生活的力量。所以，改变，首先从思维开始！

思维是如此重要。阿里巴巴是马云的思维编织的，苹果是乔布斯的思维创造的。所以，要升级一个企业的竞争力，就要升级一个企业家的思维能力。

"发展才是硬道理"，转变思维方式，已经成为企业的当务之急。

纵观中国企业界，我们看到，国内有不计其数的董事长、总经理、总裁，却缺少真正意义上的企业家。中国不缺市场，不缺产品，不缺机会，也不缺金钱，中国是世界上最有活力、创造力且发展空间最大的国家，但中国的企业界缺人才，缺少创造力。

中国缺少的不是世界 500 强企业，缺少的是能够打造世界 500 强企业的、世界顶级的、如同马云和任正非这样的有担当、有责任感、懂得企业经营哲学的真正的企业家。所以，企业的强大必须从企业家的思维方式转变开始。

新时代的到来，我们期待未来有更多伟大的企业，有更多优秀、卓越的企业领袖人物出现，引领中国企业走向世界，走向辉煌！

严兆海

2019 年 1 月

目录/CONTENTS

第三章

解密商业思维的本质

第四章

打通你的思维通路

第五章

商业思维与成功模式

商业思维重塑商业逻辑

生成你的思维导图

传统企业家思维革新

CEO商业思维创新原理

思维进化的六个层次

成功总裁的思维特质

第十二章

中国成功企业家的思维模式

第一章

破解商业
思维密码

苹果成功的奥秘

求同是模仿、跟风，而求异则是创新、与众不同，使苹果公司走向成功的是求异思维。正是因为乔布斯拥有与众不同的求异思维，苹果公司大获成功才成为可能。

每年，福布斯都会发布全球富豪榜以及各个国家区域的富豪榜，评选出全世界最富有、最会赚钱的人。作为记录世界财富史的一种形式，这个排行榜拥有巨大的影响力，牵动着亿万人的眼球。能够登上这个榜单的，全都是世界顶尖的富豪、企业家——微软的创造者比尔·盖茨、"股神"沃伦·巴菲特、亚马逊创始人杰夫·贝索斯、墨西哥电信巨头卡洛斯·斯利姆、Facebook的创始人马克·扎克伯格、西班牙零售巨头阿曼西奥·奥特加等。而在福布斯中国富豪榜上，阿里巴巴的创始人马云、腾讯董事长马化腾都曾登上万众瞩目的首富宝座。在这些闪耀的名字背后，是一个个庞大的财富帝国。他们的身价动辄几千亿元，拥有令世人惊诧的巨大财富。为什么他们能够取得全世界为之羡慕的财富？为什么他们能够创造如此辉煌的商业成就？为什么他们和我们普通人的差距这么大？是因为他们比我们聪明吗？还是因为他们的能力比我们强很多？这些问题最终都汇聚成一个问题：造成财富差距的本源是什么？

很多人都有一个共同体会：在学校时，我们与身边的其他人似乎并没有多大差距。然而，进入社会后，不过三五年，大家的身价、事业和财富就有了很大差别。有人坐拥亿万财富，有人却在为一套房而奔波不息；有人白手起家打造了一个商业帝国，有人却朝九晚五为五斗米弯腰……这些差别的背后，总有一些因素在左右着我们的命运。那么，决定每个人或富贵或贫穷的最核心的本质是什么？是什么决定了我们的人生成就与财富格局？是能力、努力、环境、机遇，抑或是风口？接下来，我将帮助大家揭开财富的面纱，彻底破解商业思维的密码，探寻财富与商业成就背后的力量。

众所周知，苹果公司一度是全球高科技互联网公司中市值最高的公司。2012年，苹果公司创下6235亿美元的市值记录，到2014年，苹果公司连续3年蝉联全球市值最大公司。2018年8月2日，股市刚一开盘，苹果公司的股价就如同坐着火箭般一路高涨，每股最高飙升到208.38美元，苹果公司的市值一举突破了1万亿美元的大关，这意味着这家成立于1976年的企业成为全世界第一家市值达1万亿美元的上市公司。

1万亿美元是什么概念？据权威机构Stastics Times在2018年5月统计的各个国家最新排名，在全球233个国家和地区中，GDP超过1万亿美元的国家和地区一共有16个。按照这一统计结果，苹果公司的市值已经超过了荷兰、土耳其等国家的GDP，真正做到了"富可敌国"。

苹果公司的财富是从哪里来的？为什么苹果公司会这么值钱？

说起苹果公司的成功，有一个人是无法绕开的，那就是苹果公司的创始人史蒂夫·乔布斯。

史蒂夫·乔布斯于 1955 年 2 月 24 日出生于美国旧金山，每一位成功人士都有着非同寻常的人生历程，被誉为"魔鬼精英"的乔布斯更是如此，他的成长历程如同好莱坞大片一样精彩。

小时候的乔布斯有些孤僻、叛逆，非常喜欢搞一些恶作剧。在学校里，乔布斯与同学们也是格格不入，他上课很少认真听讲，经常一个人躲在教室角落里神游，当老师因为他走神而责备他的时候，他不但不会虚心接受，反而还会振振有词地跟老师顶嘴。因为乔布斯性格倔强，他很难与人和平共处，小朋友们也不喜欢和他玩，所以，他小时候没有多少玩伴。可能正是因为孤独，乔布斯对各种电子元器件产生了浓厚的兴趣。他经常把家中的收音机、电视机等大卸八块，然后再费尽心思地重新组装起来。乔布斯强烈的好奇心使他对这些能发出各种声音的小玩意儿很好奇，总想探个究竟。

乔布斯的家位于旧金山的山景市，距离现在举世闻名的硅谷很近。当时正值硅谷形成时期，山景市的各种电子科技公司如同雨后春笋般冒了出来，乔布斯经常能在自家附近发现一些被丢弃的电子产品，这些东西给他的童年带来了很多乐趣。

中学时期，乔布斯认识了斯蒂夫·盖瑞·沃兹尼亚克，沃兹尼亚克在电子科技领域有着过人的天赋，他与乔布斯兴趣相投，他们经常聚在一起，在乔布斯家的车库里埋头研究电子产品。他们有一个共同的梦想——拥有一台属于自己的电脑。然而，20 世纪 70 年代以前，市面上的电脑体积庞大，而且价格贵得令人咋舌。那时，乔布斯就产生了一个想法：如果千家万户的桌面上都能摆上一台计算机，一台真真正正属于个人的计算机，那该多好！正是这个梦想，让乔布斯的命运发生了翻天覆地的变化。当乔布斯把自己的新奇想法告诉朋友沃兹尼亚克时，沃兹尼亚克也异常兴奋，两个痴迷于电脑技术的年轻人，因此萌发了一个异想天开的想法：自己生产电脑！乔布斯天生喜欢挑战，叛逆、固执的个性以及向不可能挑战的冲动促使他和沃兹尼亚克立即开始了创业历程。

既然决定创业，就要给公司取一个名字。乔布斯和沃兹尼亚克把一些自己认为不错的名字写在纸上，但又因为种种原因一一否决。最后，乔布斯提议叫"苹果计算机公司"，因为那段时间他总是喜欢吃水果餐。沃兹尼亚克也觉得这个名字听上去很有意思，有活力，"苹果"削弱了"计算机"这个词的锐气。而且，英语字母A打头的这个名字在电话簿上会永远排在前几位。从那时起，"苹果"这个名字一直沿用至今。

1976年4月1日，在乔布斯养父母家的车库里，苹果公司正式成立了。公司成立之初，几乎一无所有，尤其缺少资金，乔布斯不得不卖掉自己心爱的汽车，沃兹尼亚克和其他伙伴也纷纷变卖东西，这就是苹果公司最初的启动资金。有了启动资金，乔布斯和朋友们马上投入到电脑的研发中。然而，想要生产电脑谈何容易！乔布斯遇到的第一个难题就是根本买不到微处理器。微处理器是电脑的关键部件，相当于人的"大脑"，其重要程度可见一斑。当时最常见的微处理器是英特尔公司生产的8080芯片，零售价270美元，这个价格对囊中羞涩的乔布斯来说简直就是天文数字。而且，雪上加霜的是，这种芯片只对公司出售，以个人的名义是无法买到的。虽然这个难题有些棘手，但乔布斯并没有因此而沮丧，他不辞辛劳地四处奔波，希望找到合适的替代品。天道酬勤，1976 年，在旧金山威斯康星计算机产品展销会上，他发现了摩托罗拉公司的 6502 芯片，这种芯片的功能与英特尔公司的 8080 芯片相差无几，但价格却只有 20 美元！

带着费尽千辛万苦买来的 6502 芯片，乔布斯与沃兹尼亚克兴奋地回到了狭小的车库，开始了伟大的创新。凭借着他们的聪明才智，只用了短短几个星期的时间，一台样子有些笨拙、功能却齐备的电脑就摆在了他们面前。

乔布斯敏锐地意识到，个人电脑具有极大的市场价值。在乔布斯面前仿佛已经展开了一幅美丽的画卷。决不能错过这个广阔的市场！他决定批量生产这种电脑，而他们组装出来的那台电脑理所当然地成了"苹果 I 号"。

当时的苹果公司可不像如今这么风光。一贫如洗的乔布斯感到非常苦恼：到哪里筹集资金？他们想了一切能想到的办法，终于，苹果公司有了资金——1300 美元。谁也没有想到，正是这区区 1300 美元，奠定了苹果公司的伟业。

机遇总是青睐那些努力的人。1976 年 6 月，一个叫保罗·特雷尔的零售商来到了乔布斯的车库，当他目不转睛地看完乔布斯的演示后，他立刻判断出苹果电脑在未来一定会大展身手。特雷尔决定冒一次险——向乔布斯一次性订购 50 台苹果电脑。同时，特雷尔也提出了一个苛刻的要求：交货期为一个月。乔布斯一听，高兴得简直要跳起来，要知道，这可是公司的第一个订单。乔布斯当即拿出合同，与特雷尔签了约。

在一个月的时间里生产 50 台电脑，可不是一件容易的事，时间紧，任务重，乔布斯只能废寝忘食地工作。最忙碌的一周，乔布斯竟然工作了整整 66 个小时！第 29 天，50 台电脑被如数制造出来，保质保量地交给了特雷尔。

很快，50 台电脑就被特雷尔全部卖了出去。这是一个非常好的开端，这些电脑给苹果公司带来了良好的口碑。1976 年秋天，乔布斯惊讶地发现，市场的增长比他们想象得还快。他们需要更多的资金来应对公司的发展。为此，乔布斯开始四处寻找资金，他找了很多家公司，其中包括惠普等知名企业。然而，遗憾的是，这些公司都没有意识到这个其貌不扬的年轻创业者给他们带来了一个多么巨大的商机。他们拒绝了乔布斯，同时也拒绝了一个巨大的市场。但是，这个世界上也不缺乏慧眼识珠的人，马尔库拉就是这样一个人。

马尔库拉是一位电气工程师，擅长推销。他很早就选择了退休，过起了闲云野鹤一般的悠闲生活。1976 年 10 月，马尔库拉慕名前来拜访乔布斯。在车库工厂里，当他看到乔布斯的新产品时决定"重出江湖"，把自己的命运与这个年轻人联系在一起。他为乔布斯制定了一份详细的商业计划，而且还慷慨解囊，为苹果公司贷款 69 万美元。在马尔库拉手把手的指导之下，苹果公司的发展迈上了一个新的台阶。

1977 年 4 月，美国在西海岸举办了第一届计算机展览会，这对乔布斯来说是一个绝佳的机会。为了在这次展览会上一鸣惊人，乔布斯投入巨资，租到了最好的摊位。更令人惊喜的是"苹果Ⅱ号"，它创造了计算机历史上的多个第一，这些第一无不承载着乔布斯和沃兹尼亚克的野心：第一次有塑料外壳，第一次自带电源装置而无须风扇，第一次可玩彩色游戏，第一次内置扬声器接口，第一次装上游戏控制键，第一次具有高分辨率图形功能等。小巧的外形、简单的操作使得"苹果Ⅱ号"第一次亮相就牢牢抓住了人们的心，上千名用户蜂拥到苹果公司的展台，观看、试用这种新型电脑，订单纷至沓来。由此，苹果公司的辉煌开始了。

在公司管理上，乔布斯是一个众所周知的"独裁者"。不过，他独裁的通常是他认为正确的事情，他曾经说：取长补短，我乐于接受别人的创新之处，并使其为己所用，方是成功之道。的确，乔布斯的伟大之处不只在于他有独到的想法，还在于他善于站在巨人的肩膀之上。

施乐公司是当时世界上规模最大的数字与信息技术产品生产商。1970年，为了掌握最尖端的信息技术，施乐公司搜集了许多计算机设计领域的绝佳创意，并将这些创意保存在加州的帕洛阿尔托研究中心。在整个20世纪70年代，每当提到施乐公司的帕洛阿尔托研究中心，硅谷的技术天才们的心中都会涌起一股敬畏之情。因为帕洛阿尔托研究中心有世界上先进的计算机技术，有顶级的计算机技术人才。这个研究中心虽然并不为公众所知，然而，在硅谷的计算机业内却有着非常重要的"江湖地位"，被称为"计算机研发圣地"。乔布斯认为，如果想实现自己的计算机梦想，必须要拜访一下这个计算机研发圣地。不过，帕洛阿尔托研究中心向来是高度保密的，很少接受外人的参观。因此，想进去考察不是一件容易的事。但是，乔布斯不是一个轻易放弃的人，为了能进入帕洛阿尔托研究中心考察，他不惜付出巨大代价。他以"允许施乐公司在苹果公司投资100万美元"的条件换取到帕洛阿尔托研究中心考察的机会。在当时，乔布斯提出的这个条件是非常诱人的。因为"苹果II号"的成功，苹果公司的发展如火如荼，在业内享有盛誉，而且，第二次私募资金刚刚启动。对施乐公司而言，这样的交易是再划算不过的，帕洛阿尔托研究中心的那些实验产品已经6年没有动过了，或许将来永远不会投入到市场上，而如果购买了苹果公司的股票，一旦苹果公司成功上市，施乐公司就会获得丰厚的收益。何乐而不为呢？于是，施乐公司几乎毫不犹豫就同意了乔布斯的提议。

在帕洛阿尔托研究中心，乔布斯大开眼界，他看到了一台惊人的计算机Alto。这台计算机最大的特点是用网络使一个办公室内多台计算机共享文件和信息。他还第一次见到了鼠标，这是前所未有的创造。可以说，Alto已经为现代的个人计算机构造了基本雏形，这台计算机上的很多特征后来都成为个人计算机上不可或缺的东西。然而，如此伟大的一项创新性的发明，却在施乐公司的实验室中坐了6年的"冷板凳"。施乐公司的主管者没有看到这项发明的潜在商业价值，自然没有成为其最大受益者。

可以设想一下，如果施乐公司的老板像乔布斯一样慧眼识珠，或许可能成为20世纪90年代的IBM或是微软。毫无疑问，乔布斯知道鼠标、局域网络、文件服务器和创新的软件应用程序的价值，这些正是他想要的东西。

在帕洛阿尔托研究中心考察的过程中，乔布斯要求同去的苹果公司的工程师们更要仔细观察，所以在考察结束之前，乔布斯及前去的同事们都看懂了Alto的工作原理。经过这次考察，乔布斯感觉这些创造性的研发一定会改变整个计算机行业的历史，事实上也的确如此。回到公司后，乔布斯便向同事们宣布苹果公司的研发也要朝着这个方向努力，并要在此基础上不断创新。乔布斯的成功，在很大程度上归因于他对未来洞察的能力，当他相信一件事会成功时，他的这种洞察力会让他尽最大的努力冲破阻力，不惜一切代价获取成功。

对帕洛阿尔托研究中心考察后，乔布斯心中澎湃的创新热情被完全点燃。此后，无论是创建皮克斯，还是研发iPod，乔布斯都在找寻Alto带给他的那种震撼。可以说，乔布斯正是站在施乐这一巨人公司的肩膀上，才能比别人看得更远、做得更好。

"苹果Ⅱ号"的问世把苹果公司推向了新兴产业的巅峰，其销量也迅速飙升。1977年，"苹果Ⅱ号"只销售了2500台，而到了1981年则猛增到21万台，翻了数倍之多。但是，乔布斯并没有因此而自满，他告诉自己，"苹果Ⅱ号"不可能长盛不衰，而且"苹果Ⅱ号"始终都带着沃兹尼亚克的烙印。乔布斯需要制造一台属于他自己的计算机。乔布斯期待着"苹果Ⅲ号"能承担这个角色。"苹果Ⅲ号"有更大容量的内存，更大的屏幕可以一行显示80个字符……乔布斯完全沉浸在对工业设计的狂热之中，他对机箱的尺寸和形状进行了严格的限定，并拒绝任何人对其修改。

到1979年秋天，"苹果Ⅱ号"的潜在继任者已经有了3种机型：几经坎坷的"苹果Ⅲ号"，已经开始让乔布斯失望的"Lisa"项目，以及后来的 Macintosh 项目。乔布斯一心只想着把 Alto 的所有先进技术都放在"Lisa"上，或许他的初衷是对的，他想制造出一个完美的"Lisa"，但他却从不考虑成本，这也使得此前制定的"Lisa"售价2000 美元的目标变得毫无意义。而且，整个项目的进度越来越缓慢，这使得"Lisa"投向市场的日子变得遥遥无期。然而，固执的乔布斯却始终坚持自己的方向，忙得昏天黑地的员工们对乔布斯满腹牢骚。正当"Lisa"计划化为泡影、乔布斯深感无奈之时，苹果公司迎来了它历史上最重要的一天——1980 年 12 月 12 日，苹果公司上市了。这一年的乔布斯只有 25 岁，然而，苹果公司的上市却使他的身价达到了 2.56 亿美元。苹果公司的上市非常成功，创造了公开上市公司的许多纪录。苹果公司的成功给乔布斯带来了财富和名誉，然而，乔布斯很快就厌倦了财富带来的快感，他要创造新的奇迹。

乔布斯开始四处寻找新的机会，这时，他把目光投向了早已启动的 Macintosh 项目。1981 年春天，乔布斯开始为自己的 Macintosh 项目招兵买马，他招募成员的一大标准就是要对产品充满激情。其实，早些时候，尤其是在乔布斯全力投入"Lisa"项目时，他对 Macintosh 项目是持反对意见的。但是，乔布斯的反对并没能阻止董事会通过这个方案。当"Lisa"项目已经回天无术后，乔布斯又转而支持 Macintosh 项目。虽然这个项目组的成员不希望乔布斯加入，不过没有人能使他改变主意。乔布斯想控制一切，想控制所有的人、所有的过程、所有的细节，使一切都按照他的意图和想法往前走。也正是乔布斯的控制欲，使 Macintosh 项目得到了保护，并为之争取到足够的资源。乔布斯想让 Macintosh 变成自己心目中的机型，他几乎参与了 Macintosh 的每

一个部件、每一套程序的研制过程。

1984 年，苹果公司成为美国乃至全世界发展最迅速的计算机公司，拥有约 4000 名员工，资产超过 20 亿美元。不过，因为乔布斯的经营理念十分激进，再加上 IBM 公司推出的个人计算机抢占了大部分市场，苹果公司开始走下坡路。公司的董事们失望至极，他们把这一失败归罪于创始人乔布斯。1985 年，一个噩耗传到了乔布斯的耳边：他竟然被董事会炒了鱿鱼！这是乔布斯人生中的第一个"大跟头"，他怎么也想不明白，一个人怎么可能会被自己创立的公司开除呢？但无论他是否接受，这都是一个残酷的事实，他不得不离开苹果公司。这个"大跟头"给他带来的打击是毁灭性的。在后来的很长时间里，他都无法从这个挫折中走出来。在被开除后的前几个月里，他每天都浑浑噩噩的，不知道要做些什么。他觉得自己让很多人失望了，当他遇到了惠普的领导者戴维·帕卡德时，他满怀歉疚地向这位前辈道歉，因为他觉得自己把事情给搞砸了，让他失望了。

在硅谷，乔布斯曾经是所有人羡慕的对象。被解雇后，他却成了人尽皆知的失败者，他甚至想过要离开这个曾经给予自己无限风光的地方。但是，他最终意识到，逃避不是解决问题的办法，也不可能使他摆脱失败的阴影。在经过一番思索之后，他决定鼓足勇气面对残酷的事实，重新开始创业。

在接下来的几年时间里，乔布斯先后创立了两家公司，并且制作了轰动美国和整个世界的电影《玩具总动员》，这也是世界上第一部全电脑动画电影。随着这部电影火遍全球，他再一次成为著名的创业明星。

在乔布斯离开苹果公司的 12 年里，苹果公司也发生了巨大的变化，它的发展越来越糟糕，一度濒临破产边缘。为了挽救公司，苹果公司的董事会决定请乔布斯回到苹果，重新担任苹果公司的领导者。权衡再三，乔布斯决定不计前嫌，重新接管苹果公司的最高权杖，因为这是他一手创建的高科技王国，公司的每个角落都流淌着他亲自赋予的创新血液。

为了在最短的时间里扭转苹果公司的局面，乔布斯全身心投入到了工作中，他每天工作 15 个小时以上，下定决心力挽狂澜。他深知，苹果公司的当务之急是彻底的变革、全方位的变革。

自从 1985 年乔布斯被"扫地出门"之后，苹果公司的产品线越来越长，乔布斯认为这对苹果公司的实际业绩提升并没有什么帮助，反而会离核心业务越来越远，不能集中优势把自己的主业做大做强。如果将有限的资源分散开来，那么，每一个产品都难以达到优秀。于是，乔布斯大刀阔斧地砍掉了一些产品线，实施自己的优势战略，将有限的人力、物力和财力都用在苹果公司最具优势的项目和产品上，打造具有足够竞争力的精品。

乔布斯又一次成了苹果公司大大小小项目的主宰者，不符合他设计理念的产品，他绝对不让上市。乔布斯还直接参与了很多重要产品的开发工作。从最初的概念到最后的上市，其中的每一个环节、每一处细节，乔布斯都会严格把关。

1998 年，乔布斯投入了大量时间和精力的 iMac 正式投向市场。这款计算机风格独特，非常人性化。从设计上，该产品沿袭了苹果公司追求完美和大胆创新的理念，这是乔布斯一直提倡的。乔布斯用自

己的人格魅力重新塑造了苹果公司的文化，已经失去灵魂的苹果公司在乔布斯的带领下看到了希望的曙光。

因为iMac的完美和创新，刚一问世就受到了无数消费者的欢迎，仅仅6周的时间就卖出了25万多台。这之后3年里，iMac总共卖出了500万台。这样的销量在当时简直就是一个奇迹。乔布斯再一次向世人证明了他的能力，苹果公司因为iMac的热销得到了东山再起的良机，乔布斯也再次成为人们崇拜的偶像。

在他人看来，仅用两年多的时间带领苹果公司顺利走出困境、重获生机，简直是一个不可能完成的任务，但乔布斯却做到了。乔布斯将自己的个性与苹果公司的运营完美地结合在一起，在外界看来：乔布斯就是苹果，苹果就是乔布斯。

2007年1月9日是最令人期待的一年一度的苹果Macworld大会。每年这个时候，乔布斯都会展示一些苹果公司将要面市的新奇产品。众多人翘首以待，今年会有什么惊喜呢？ 当乔布斯的主题演讲进入尾声时，他向人们展示了一款取名"iPhone"的产品，这是一款结合了iPod、手机和互联网通信设备等功能的产品，按乔布斯的说法就是"革命性的移动电话"。

和乔布斯预料中的一样，苹果iPhone一经发布，便成了所有媒体的焦点。人们沸腾了，掀起了一股购买狂潮。许多人为了能够在第一时间买到这款产品，在苹果iPhone发售前一天晚上便在零售店前排起了长队，足见苹果iPhone的火爆程度。苹果iPhone系列的每款产品发售时都是如此，苹果粉丝们更是狂热地追随着苹果系列的新产品。

乔布斯自始至终都站在科技领域的最前沿。在他的领导下，苹果公司开发出的高科技产品大多都是经典，简单、完美、随心所欲，这正是苹果公司的产品带给人们的感觉，也是乔布斯的终极追求。

苹果iPhone的成功引领苹果公司走向了财富之路。但是，我们反向思考，真的是这么一款手机决定了苹果公司的成功吗？不，手机只是表象，苹果公司的财富源于乔布斯的大脑，而乔布斯的大脑又有两种东西：一种是知识，一种是思维。知识是知道的、看到的经验和记录；思维是想象的空间。那么，到底是知识还是思维决定了苹果的辉煌呢？

苹果手机之所以能够狂销全球、创造巨大的财富，是因为它是一个颠覆式的创新产品。几年前，苹果手机刚刚出现的时候，就颠覆了手机的概念。在苹果手机之前，手机的主要功能是通话，而自从苹果手机出现之后，手机就变成人们生活空间的延伸，成为一个娱乐、消费、生活的平台。所以，苹果手机第一次改变了手机的功能和定位。这款颠覆式创新的产品，从处理器、芯片、界面、功能、操作系统以及手机的制造生产方式都是与众不同的。正因为其与众不同，才能横扫全球，创造了苹果今时今日的商业成就。

这种颠覆式的创意是怎么产生的呢？毋庸置疑，是想象出来的。也就是说，决定苹果手机出现的是乔布斯大脑中的思维。正是因为他思维中的想象力和创造力才让苹果手机横空出世，而这个产品决定了苹果公司今天的市值，决定了今天苹果公司在高科技公司中的地位。

现在，回到我们最初提出的问题，让我们再来思考：苹果成功的奥秘是什么？是思维。表面上看，苹果公司是通过手机赚钱，而背后

创造财富的是乔布斯的思维方式。那么，这种思维方式又是什么呢？有两种常见的思维方式，一种是求同，一种是求异。求同是模仿、跟风；而求异则是创新，是与众不同。

使苹果公司走向成功的是求异思维。正是因为乔布斯拥有与众不同的求异思维，苹果公司的出现才成为可能。所以，现在我们可以回答"为什么苹果公司这么值钱"这个问题，是因为苹果的创始人叫乔布斯，乔布斯创新性的思维方式决定了富可敌国的苹果公司的价值，苹果公司成功的本源奥秘在于商业思维。

华为辉煌的背后

看到过去的企业回到过去，看到未来的企业引领未来。过去的就是被淘汰的，淘汰的就是衰落的、亏损的、没有竞争力的。未来的则是先进的、制胜的、高速盈利的。

在中国，有一家家喻户晓的高科技电子企业，华为。

华为诞生于 1987 年 10 月，在深圳湾畔的两间简陋的"简易房"里，任正非历尽千辛万苦东拼西凑了 21000 元创办了一家小小的公司，取名"华为"，注册为集体企业，经营小型程控交换机、火灾警报器、气浮仪开发生产及相关的工程承包咨询。

华为在 1992 年销售额才超过 1 个亿，甚至在年终大会上因为销售额突破 1 个亿，任正非哽咽着说出"我们终于活下来了"，这其中他曾经所承受的巨大压力可见一斑。

到了 2016 年，华为创造了 751 亿美元的营业收入，净利润达到了 53.35 亿美元。

走到今天，华为已经跻身世界 500 强行列，从一个启动资金只有区区两万多元的民营企业，发展到现在产品应用于全球 170 多个国家和地区的全球第一大通信设备制造商，实现了从"中国制造"到"中国设计"，从"跟随者"到"领先者"，从"模仿者"到"创新者"的华丽转身。如今的华为，在程控交换机、移动终端、手机处理器芯片等各个领域都走进了世界第一阵营，掌握着核心科技，拥有无人匹敌的核心竞争力，尤其是其手机产品，只用了短短几年的时间就向稳坐行业龙头老大宝座多年的苹果公司发起了挑战。

华为的创始人任正非曾经历坎坷的少年时代。任正非儿时的生活只能用"贫寒"二字来形容。

大学毕业后，任正非选择了一条与众不同的路——当兵。军队是一个大熔炉，而任正非不怕考验，挑战越大，他越会迸发能量。入伍后不久，任正非就在部队中迅速表现出了良好的科技素养。因为技术突出，很快他就当上了通信兵，并被抽调到贵州的一个飞机制造厂，参与开发一项代号为 011 的军事通信系统工程。这是 20世纪 60 年代国家在西南地区进行三线备战建设的重点工程之一，主要建设战略大后方的军用飞机和航空发动机制造厂。

1983 年，时年 39 岁的任正非正式脱下了军装，离开了军营。然而，转业后的任正非却有些"水土不服"。任正非就职的深圳市南油集团是一个大型国有集团，任正非原本打算凭借自己过硬的技术大显身手，但刚刚脱下军装、性情耿直的他却因为看不惯一些部门领导得过且过、不思进取的官僚作风而遭到了"雪藏"。1987 年，任正非因为工作失误离开南油公司，被逼着走上了创业的道路，华为由此诞生。

20 世纪 90 年代中期，诺基亚看好 GSM 技术前景，并将全部赌注都压在上面，研发体系完全以 GSM 为中心。当 GSM 市场到来时，诺基亚迅速占了上风。

创业初期，华为敏锐地发现数字程控机的市场机会，迅速跟进，研制出C & C08机，获得了成功。在研制万门机的过程中，华为公司的郑宝用和李一男发现光纤比电缆更优越，于是进行光纤通信技术开发，华为迅速占了上风。华为迅速地发展GSM技术，抢占了市场。

1995年，任正非大胆预测未来技术发展的前沿，将研发目标指向3G。华为倾巨资投入大量人马研发3G，迅速转化为商用。后来，世界范围内掀起3G研发的浪潮，充分证实了这一选择的正确性。掌握这项新技术之后，市场上的华为更是势如破竹，在海外赢得一系列大单。

任正非总是在第一时间做出最优化的战略决策，带领华为少走弯路，保持了"华为的红旗不倒下"的纪录。

到2006年底，华为在3G上的投入已将近50亿元。

在电信业寒冷的"冬天"里，任正非仍然咬紧牙坚持着。他坚信"春天"一定会到来，依旧站在瑟瑟的"寒风"中痴痴地等待。

经过8年"磨剑"，华为3G开花结果了。2003年底，华为成功推出国内首款WCDMA/GSM双模手机。2004年2月，在法国戛纳推出了中国第一款WCDMA手机。2004年11月15日，华为在香港正式发布3款成熟商用的WCDMA终端，成为全球为数不多的能够提供3G端到端解决方案供应商之一。2005年初，华为先后推出了系列化3G终端，华为的3G受到了越来越多关注的目光。

在任正非的词典里永远没有"困难"二字。他迎难而上，为了长远的发展，放弃一些眼前的利益，因此取得了更大的成就。正是有了任正非的努力与坚持，华为才能创造今时今日的辉煌成就。

任正非很早就意识到：要在通信业活下去，必须要有专利！知识产权是西方国家为了保持其技术领先性，并限制后来进入者参与的一种"游戏规则"。这种"游戏规则"受到国家机器和法律的保护及制约，同时也是商业策略的一部分，是一种十分稳定的商业收入来源。西方电信巨头经过长期发展，在很多电信技术领域保持优势，利用专利等手段为后来者埋下了一颗颗"地雷"。你要前进就必须留下"买路钱"，不然就要付出巨大代价，另开一条路。因此，任正非在华为一直鼓励员工提高研发水平、申请各种专利，为此，他还制定了一个"指导方针"——"占不了山头，占山腰，占不了山腰，就围山脚"。

从华为官方公布的数据来看，到2016年，华为专利研发投入累计超过380亿美元，是NASA年度预算的2倍多。华为在中国、德国、瑞典、俄罗斯及印度等多地设立了16个研发中心，36个联合创新中心，员工总数超过17万人。华为全球累计专利授权50,377件，PCT（专利合作条约）申请数量连续两年位居榜首。含各子公司在内的华为集团中国授权专利第一名，2015年欧洲专利授权数量第九名，2015年度美国专利授权排行榜第二十三名。通过坚持不懈的研发投入和强大的专利布局，华为与业界主要厂商和专利权人签署了数十份知识产权交叉许可协议。

华为并不仅仅追求专利的数量，其质量也在不断提升，尤其是越新的技术，华为的技术实力越强大，就连苹果公司也要向华为交专利授权费——2015年，华为向苹果公司许可专利769件，覆盖GSM、UMTS、LTE等无线通信技术。

为了保护和开发利用知识产权，华为在成立之初就专门成立了知识产权部，对公司的知识产权进行统一管理，保护公司专利、科研成果的安全。华为遇到过很多与跨国企业间的知识产权纠纷，诺基亚、阿尔卡特、西门子等巨头还曾轮番攻击华为，有的企业甚至一次就列出200项专利来跟华为谈判，涉及华为各个产品线，要求收取产品销售额2%到10%的金额作为专利费。为了应对对方提出的专利侵权指控，华为不得不组织庞大的队伍封闭好几个星期分析对方的专利，拟出应对的理由。

这些年里，华为一直在研发、创新，不断地触摸下一个未来，不断地突破行业的技术瓶颈和行业壁垒。走到今天，到2018年，华为成了全球第一个推出5G标准的通信设备建设运营商，掌握了行业的制高点，甚至超越了欧洲、美国的电信供应商。未来，华为的销售额一定还会继续突破，到2020年的时候，华为的销售收入甚至有可能突破一万亿元。

华为的任正非把企业的10%到15%的销售收入都用于创新和研发，他不断地执着于未来、执着于创新，正因为如此，华为才获得多项专利，不断取得核心技术的突破，甚至引领行业发展。任正非的思维是未来式思维，他能把企业不断地带向未来。

人人都喊着要向那些成功企业、优秀的企业家学习，但很少有人能看到商业的本质。其实，商业本质的原点就是思维，思维方式将会决定一家企业的发展与未来。

什么是财富的本源

如果你有了超越常人的思维，你就有可能采取超越常人的行动；如果你有超越常人的行动，你就有可能得到超越常人的结果。财富和思维本无关系，但思维决定了人类一切的结果。

现在，我们探寻了苹果公司成功的奥秘，了解了华为辉煌背后的思维远见。从中，我们可以看到，一个企业的发展取决于人大脑里的一个关键词，叫思维。一切都源于我们的思维方式、源于我们的想象力。

什么是财富的本源？财富是从哪里来的？决定财富成就的商业密码是什么？

我们看到中国的马云，带领着"十八罗汉"，用大家一起凑起来的50万元为启动资金开始创业，把阿里巴巴从一个无人知晓的小网站打造成如今世界顶级的互联网高科技巨头，实现了几千亿元的营收，缔造了一个庞大的商业帝国。

我们看到日本的稻盛和夫，先后创立了京都陶瓷株式会社（现名京瓷Kyocera）和第二电信（原名DDI，现名KDDI，目前在日本为仅次于NTT的第二大通信公司），这两家公司都进入了世界500强，以惊人的速度成长。

我们看到美国的乔布斯，凭借着颠覆式的想象力重新定义了手机，打造了一个令人惊叹的苹果传奇，创造了富可敌国的巨额财富。

所有这些故事都告诉我们，财富的本源是4个字——"思维方式"。思维方式就是财富的密码。一个人有什么样的思维方式，就会采取什么样的行动；有什么样的行动，就会创造什么样的结果。如果你有了超越常人的思维，你就有可能采取超越常人的行动；如果你有超越常人的行动，你就有可能得到超越常人的结果。所以，如果你觉得你的财富还不够多；如果你觉得挣钱太慢；如果你觉得你的企业经营不善甚至出现亏损；如果你觉得你的人生不尽如人意，那么，一定是你的思维方式过时了，你的思维方式没有竞争力了。这时，你需要做的是升级你的大脑，改变你的思维方式，只有这样，才能获得颠覆与重塑，才能真正地触摸到财富的本源。

一切都是从思维中来，打开你的思维，用思维引领财富，你才能在未来创造更多财富。

第二章

商业思维与企业发展

企业家思维决定企业成败

企业家的思维决定了企业的干法，企业的干法决定了企业的生死存亡。

在商业时代，市场的周期轮回、企业的兴衰更替，都是司空见惯的，这些表面上看起来是企业的倒闭、亏损和更替，但背后却是企业家思维模式的升级与换代。因为企业家有什么样的思维，就会决定企业有什么样的行为。企业家理念的变化，导致企业家想法的改变。企业家想法的改变，导致企业战略、企业运营模式以及企业经营行为的变化。而企业经营行为的变化，又会导致结果的变化，会对企业的亏损和盈利造成至关重要的影响。

海尔的变革与发展就是其领导者张瑞敏思维变化的结果。张瑞敏曾经说："海尔自己的企业文化其实就是一个应变的文化，对于我们内部来说就4个字'自以为非'。不能自以为是，而是要自以为非，既然要自以为非，就要经常根据外部变化改变自己。"正因为"自以为非"，在企业经营过程中，海尔不断审视周围的环境，时常为自己动"大手术"。比如，随着互联网的发展，张瑞敏发现，在互联网时代，企业不能以自我为中心、追求大而全，而是只能成为整个互联网上的一个节点。所以，必须打破原来的组织架构模式，与互联网充分整合，让企业重新恢复活力。于是，他把海尔原有的组织机构全部打碎，拆分为许多"小而美"的创新团队，打破传统金字塔式的科层制束缚，推倒企业与用户之间的"墙"，使整个企业变成了一个生态圈。无数员工凭借自己的创意或者通过发现市场上好的创意、需求时，就可以成立创业团队。这样一来，海尔就完全把企业与市场、用户融合到一起了。

可见，一个企业的成败，看上去是由企业的营销模式、管理模式、运营模式以及商业模式决定的，但实际上却是由企业的经营理念和经营思维决定的，而企业的经营理念和经营思维又取决于企业家的思维理念。企业家的思维理念决定了整个企业的干法，而企业的干法决定了企业的生死存亡。所以，今天看一家企业发展得好不好，其实就是看企业家的思维好不好。

或许你会羡慕阿里巴巴用十几年的时间成就了如此庞大的商业帝国，但你应该知道，引导阿里巴巴成功的、将其打造成商业巨头的是阿里巴巴的创始人马云。阿里巴巴的成就其实是马云的思维编织成的。因此，你真正应该羡慕的是马云超越常人的思维方式和眼光，这才是阿里巴巴的财富本源。

企业家思维模式的转型升级，决定了企业发展的成败。作为企业经营者或企业领导人，你一定不要看企业好不好，要去看自己的思维和思路对不对，你的思维对了，企业就成了。

了解思维模式原理

要想改变明天的结果，就要改变今天的行为模式。要想改变今天的行为模式，首先要做的就是改变自己现在的想法和理念。

人的思维方式与其行为方式以及结果之间存在着一种关联，我将这种内在逻辑总结为 6 个字：思维模式原理。

对一家企业来说，思维模式决定了它的成败与发展。对一个人来说，思维模式决定了他的人生与未来。那么，当思维方式运用到企业中，就成了企业的商业模式。当思维方式运用到人生中，就是人生的结局。人生的结局有好有坏、有悲有喜、有穷有富，是什么导致了这个结果呢？也就是说，一个人最终的想法源于哪里？我们从头梳理，会发现它的起源在于人的思维。人的思维方式不同，于是就有了不同的想法。他的想法又决定了他的行为模式不一样，行为模式不一样又导致了人生的不同结果。于是，我们看到，有的人在穷困潦倒中挣扎，有的人却生活无忧无虑；有的人开豪车，有的人只能骑自行车；有的人住着大别墅，有的人却只能一家好几口挤在一起蜗居，这就是最直接的、简单的结果。当我们理解这个内在逻辑后，我们就可以运用思维模式原理去反向倒推，从而把握我们的人生，得到人生最满意的结果。

现在，我们明白了，要想改变明天的结果，就要改变今天的行为模式。要想改变今天的行为模式，首先要做的就是改变自己现在的想法和理念。那么，我们最终要改变的是什么？是我们的思维方式。换而言之，升级了我们的思维方式，就改变了我们未来的人生结局。我们今天的生活状态，是我们过去 5 年、10 年的行为决定的。而我们过去 5 年、10 年的所有行为，又是由我们 5 年前、10 年前的想法决定的，而我们当时的那些想法又取决于我们当时的判断和思维方式。所以，如果我们希望改变自己的人生，希望拥有美好的未来，就一定要升级我们的思维方式。由此，我们可以得出一个结论：人生所有的结果都是可以改变的，无可以变有，穷可以变富，因为命运是可以掌控的。

如果我们现在改变自己的思维方式，我们的想法就会不同。改变了想法，也就改变了我们的思想。改变了思想，也就改变了我们的行为。改变了行为，再坚持三五年，与商业结合，也就改变了我们的结果。任何人都可以运用思维模式原理去掌控人生的结果，把命运把握在自己手中。所以，那些为不知如何改变命运而哀叹的人，那些不知道什么决定了人生成败的人，那些始终没有找到人生方向的人，从本质上来说，就是不懂得运用人生思维模式原理的人。现在，我们发现了思维模式原理，就可以通过自我调整、自我改变，掌控生命中所遇见的一切，甚至自由地设定人生的结果，过自己想过的生活，做自己想做的人。

掌握思维模式原理，我们就获得了一个成功的法宝和人生的终极秘诀。从此，所有的梦想都只有咫尺之遥，伸手便可摘星。

你的思维方式决定了命运走向

成功的人生属于那些积极、乐观、进取、有健康心智模式的人，也就是有正面思维模式的人。

当我们了解思维模式原理之后，就会发现一个人生真理：你的思维模式决定了命运走向。

我们不妨先来看一个由思维模式决定命运的案例。

在美国有这样一个家庭——父亲是酒鬼，酗酒如命，每天烂醉如泥。母亲是赌徒，沉迷赌博却又逢赌必输。他们有两个儿子，哥哥是个乐观积极的人，虽然生活在如此糟糕的环境中，他却没有受到父母的不良影响，始终保持着积极向上的思维方式。弟弟却是一个消极悲观的人，他看到父母如此沉沦，他也变得自甘堕落。

哥哥的心里是这样想的：我的爸爸是酒鬼，我的妈妈是赌徒，我不要成为像他们一样的人。我一定要努力改变我的命运，我要成长，我要进步，我要冲破命运的枷锁，我要改变家族的命运。于是，哥哥每天都在不懈努力，全身心地投入到学习中，积极寻求改变。最后，哥哥终于成功地成为一名优秀卓越的律师，进入了社会精英阶层。

弟弟呢，每天却是这样想的：我的爸爸是酒鬼，我的妈妈是赌徒，我的家庭这么差，我只能游手好闲，我只能不劳而获，我只能自甘堕落，我只能偷抢拐骗，这不怪我，是命运对我不公平。于是，弟弟成了小偷，最终被绳之以法，只能在牢狱中度日。

你可以看到，虽然出生在同样的家庭中，生活在同样的环境里，有着同样的人生起点，但因为思维方式不一样，人生的结局截然不同。拥有积极向上的正面思维的哥哥，凭借一己之力改变了自己的命运，成了人生赢家。有着消极颓废的负面思维的弟弟却始终深陷在泥泞之中，最终身陷囹圄。一个实现了重生，一个却毁灭了自己。

我们总是会看到人与人之间存在巨大的区别：有些人虽然拥有一份十分不错的工作和健康的身体，但每天都沉浸在不快乐中，不停地抱怨命运、抱怨社会、抱怨自己，把自己的生活弄得一团糟；有些人虽然工作繁忙、日子过得非常辛苦，却每天都开开心心、笑容满面。于是，我们忍不住要问：为什么有的人能不辞辛苦、百折不挠、排除万难去寻找人生的快乐，而有的人却只能看到不顺、挫折，让自己陷入痛苦之中？答案是思维模式。

本质上，人与人之间并不存在多么大的差距，最大的区别就在于思维模式。思维模式既能使你一往无前，也能使你在失败面前失去勇气。积极的思维模式能够激发人自身潜藏着的聪明才智；而消极的思维模式就如同蜘蛛网缠住昆虫的翅膀和四肢一样，束缚他们发挥本身的才能。成功只青睐那些抱有积极思维模式并付诸行动的人。

你的思维模式就是你真正的主人。要么你驾驭生命，要么生命驾驭你，而你的思维模式将决定谁是坐骑，谁是骑手。

亨利·福特被称为"汽车大王""新工业之父"，他之所以会成为汽车行业的一个神话，是因为他在做任何事情的时候都会尽心尽力。他有一句名言：我不相信世界上有做不成的事。在他的一生中，他一次又一次实践着他的这句名言，并享受着它带来的丰盛果实。

年轻时，亨利·福特曾经在一家电灯公司当工人，日复一日，从事着一些简单而又枯燥的工作。有一天，他突然产生了一个异想天开的念头：设计一种新型引擎！他兴致勃勃地把自己的这个想法与妻子分享，妻子鼓励他试一试，还把家里的旧棚子收拾出来，给他当"实验室"。从那以后，福特就把自己的业余时间全都投入到研究引擎的工作中。冬天的时候，旧棚子里到处漏风，把他冻得浑身哆嗦，他也不肯放下手中的工作。虽然吃了那么多苦，但研究工作一点也不顺利。他试验了一次又一次，还是难逃失败的厄运。换了旁人，早就失去信心，放弃了，何况这就是一件与工作无关的事。而且就算做成了，有没有回报都难以预计。但是，福特没有放弃，他继续尽心尽力，在那个旧棚子里苦干了3年，一个全新的引擎终于问世了。

这次的成功开启了福特的汽车之梦。后来，福特成立了自己的汽车公司。在当了老板后，他仍然不改埋头苦干的作风和积极乐观的思维模式，并用这种标准要求自己的员工。

后来，当福特决定研发V8型汽车的时候，他对工程师们提出了一个超乎想象的要求：在一个引擎上铸造8个完整的汽缸。工程师们纷纷表示这是个不可能完成的工作，福特只说了一句话：要么完成它，要么走人。不愿意失业的工程师们只好勉强承担了这项任务。由于他们内心里认为这件事是不可能做到的，因此，对待工作非常消极。6 个月过去了，研究工作还是停留在原地。

福特重新挑选了几个对研制 V8 型汽车充满信心的人去做这项工作，他相信，只有充满信心的人才会对目标付出全力。结果也验证了这一点，那几个新工程师们经过刻苦的研究，终于找到了制造这种新型汽车的关键方法。他们成功了！

同样的一件事情，为什么有的人认为它是"不可能完成的任务"，有的人却尽自己的最大努力将其实现？其实，无论做什么样的事情，只要有一个积极的思维模式，对工作、对他人、对自己都表现出热情、激情和活力，这样就根本不怕失败，即使遇到挫折，也不会气馁，而是以充满乐观和信心的态度面对人生。这样的人也一定会在事业和生活中取得比别人更好的成绩，不断努力，把"不可能"的设想奇迹般变成现实。就像一句名言说的那样：一个人如果真的想成功，整个世界都会为他让路。

在成功者与失败者之间横亘着一条鸿沟：成功者总是习惯积极思考，乐观对待一切事务，胸怀自信，他们用经验、理性、勇气和感恩的心来掌握自己的人生。失败者则恰恰相反，他们的人生永远都被过去的种种挫折和疑虑牵着鼻子走，他们无时无刻都生活在失败的阴影里，最终也就一事无成。事实的确是这样的，人们在遭遇失败之后，通常都会为自己找各种各样的借口，要么是客观环境的问题，要么是别人的问题，正因为有了这些问题，自己才无法改变世界，改变结果。殊不知，自己之所以处在这样的境遇里，绝对不是因为外部条件和环境导致的，而是由自己的思维和行动决定的。消极的思维模式决定了他们的人生也只能在消极中走向失败。所以，我常说，成功的人生属于那些积极、乐观、进取、有健康心智模式的人，也就是有积极思维模式的人。

积极思维会促使人们以积极、主动、乐观的态度去处理任何事情，使事情向着有利的方向发展。积极思维使人在顺境中脱颖而出，在逆境中更加坚强。积极思维会变不利为有利，变优秀到卓越。可以说，负面思维否定一切，是失败者的思维；积极思维肯定一切，是成功者的思维。

在人们的日常生活和工作中，积极思维的力量和价值会得到更深的挖掘。积极思维就像是一个神奇的魔法棒，它能点铁成金，帮助人们搬开人生中的绊脚石，使他们披荆斩棘、乘风破浪，并赋予他们一个充满魅力的人格。史玉柱的故事就是发挥积极思维的经典案例。

1989 年，史玉柱研究生毕业后，没有像其他人一样选择找一份"铁饭碗"的工作，而是颇有前瞻性地选择了下海创业。凭借在深圳研究开发的 M-6401 桌面中文电脑软件，史玉柱挖掘到人生的"第一桶金"。1992 年，他创立了巨人高科技集团，从刚成立开始，公司的发展一直非常迅猛，业绩也屡创新高。

虽然已经拥有了无数的财富，但史玉柱并没有因此止步。后来，伴随着计算机日新月异的发展，他发现，自己的电脑软件已不具备优势，如果继续开发软件，是扛不过猖獗的盗版的。这时，他开始把自己的注意力转向了保健品，脑黄金项目开始起步。

接下来，巨人发起了轰轰烈烈的"三大战役"，把 12 种保健品、10 种药品一起推向市场，投放了一亿元的广告，并且还启动了巨人大厦项目。如此大手笔，令人惊讶不已。不过，四面出击的恶果很快就显现出来了。1996年，巨人大厦资金告急，为了避免使其成为"烂尾楼"，史玉柱决定把保健品方面的大部分资金投入到巨人大厦中。如此一来，保健品业务因资金"抽血"过量，再加上管理不善，迅速盛极而衰，巨人集团危机四伏。

1997年初，巨人大厦没能按照预定的时间完工，一些已经支付了购房款的购楼者天天上门要求退款。这引起了媒体的注意，一时间，几乎所有的报纸、杂志都对巨人的财务危机展开了"地毯式"的报道。不久，只建至地面3层的巨人大厦停工。巨人集团名存实亡，史玉柱负债上亿元，被戏称为"中国首负"。但是，虽然经历了如此巨大的失败，史玉柱并没有因此沉沦下去。历经数年的蛰伏后，他重新运作"脑白金""黄金搭档"等保健品，这一次，他取得了爆发式的成功。资金实现良性运转后，史玉柱在第一时间还清了之前欠下的高额债务。

2001年，史玉柱当选"CCTV中国经济年度人物"。

2004年，史玉柱创立征途游戏有限公司。

2007年，史玉柱旗下的巨人网络集团成功登陆纽约证券交易所，募集资金超过10亿美元。

从"中国首富"到"中国首负"，再到身价亿万，史玉柱这个"中国最著名失败者"的人生路不是一般的跌宕起伏。实现了人生绝地反击的史玉柱，后来在接受《华夏时报》记者采访时表示，"我一直有一个想法，失败是成功之母，成功是失败之父，失败之后可能有两种人：一种是精神上被打击得太狠了，一蹶不振；另外一种是失败

了，但顽强的精神还在，只要精神还在，完全可以再爬起来。而我，就是后者"。

即使身处困境，史玉柱依然相信自己的能力，并且毫不气馁地重新开始创业，最终东山再起。他的经历充分说明了积极思维的价值。拥有积极思维的人，更容易拥抱成功。因为积极思维如同一个给人鼓舞士气、提振精神的发动机。当一个人在工作中提不起兴趣、欠缺激情的时候，积极思维就会发挥作用，使人们重新提起精神，以百倍的热情来面对自己的工作、生活。凡事都保持负面思维的人，却往往与成功无缘。积极思维是负面思维的天敌，如果你的心中充满了积极思维，负面思维也就失去了立足之地。克制负面思维，用积极思维来置换负面思维，是事业成功和实现人生价值的唯一途径。

如果你的企业经营不好，你不要悲哀，你可以通过调整你的思维方式来解决你的企业面对的所有问题。在积极思维的引导下，你就能带领企业实现盈利，走向辉煌。

第三章

解密商业思维的本质

低纬度的是"知识"

知识不在于多，而在于有没有运用的需求，会不会运用；知识不在于是不是事先学习过，而在于是不是当现实生活和工作中真需要时，你具不具备很快地学会和掌握这门知识的自学能力。

什么是商业思维？其实，从本质上来说，商业思维就是思维方式与商业的结合。拥有商业思维的企业家才能创造出巨大的商业成就。商业思维不但能成就一个企业家，还能成就一家企业。从顶层设计到战略领航，到模式变化，到管理模式、营销模式、运营模式以及商业模式、盈利模式等的设计，无一不是深受企业家商业思维的影响。那么，商业思维又包含哪些要素呢？接下来我们一一分析。

第一个要素是知识。所以，企业家需要掌握的第一个低纬度的东西是知识。

什么是知识？我们从各个途径中获得的经过提升总结与凝练的系统认识叫作知识。也就是说，我们在学校里学到的，在社会上看到的、听到的、了解到的都是知识，我们对事物的认知和见解也是知识。

对人的一生来说，知识是非常重要的，我们天天都在吸收知识、运用知识。在这些知识中，那些能使我们获得自学能力和终身学习能力的知识是最有用的。如果我们能在自学的基础上，坚持活到老、学到老，就可以学到和掌握自己一生所需要的任何关键知识。因此，对于企业家来说，学历并不重要，现在拥有多少知识也并不重要，重要的是你必须拥有使用知识的需求，重要的是你必须追求对既有知识的使用频率和效率，重要的是你必须具有强大的自学能力。哪怕你所掌握的知识非常简单，但只要你能把它运用到极致，你能每天都运用它正确地解决各种问题，你就有可能成为世界上最伟大的企业家。

如果你读过大学，读过研究生，拥有博士学位，掌握了许多高等数学、高等物理等知识，可对于这些知识，你一辈子都没有太多运用他们来解决实际问题的机会，甚至你根本就用不着。那么，这些所谓的知识究竟对你有什么实际意义呢？其实也没多大的意义。因为它不能帮助你取得什么成就或成功，你不能运用这些知识去创造社会财富。那么，很可能即使你拥有这些学历和知识，却终生一事无成。

对企业家来说，知识不在多，而在于有没有运用的需求，会不会运用；知识不在于是不是事先学习过，而在于是不是当现实生活和工作中真需要时，你具不具备很快地学会和掌握这门知识的自学能力。自学能力和终身学习能力的重要性，就在于它有助于我们将有限的生命和精力用于学习和掌握生活和工作中真正需要的知识，避免将生命和精力用于学习那些无实际需求且无用的知识上。

不过，在企业家的智慧能量系统中，知识是一个低纬度的东西，大概只能发挥20%的基础作用，根本不决定成败。知识系统不等于能量系统，也不等于能力系统，也不能决定人生的结局。因此，知识在商业思维的各个要素里只能算作第一层次。

中纬度的是"能力"

能把梦想落地和变现的本事就叫能力，当知识生成能力之后，意味着一个人能够对结果负责，能够使梦想变成现实。

构成企业家能量场的第二层次的东西是能力，这是中纬度的智慧系统。

知识并不决定成败。所以，一个人拥有很多知识，不代表他能做到很多事情，这也就是为什么很多人虽然读了很多书，却只能成为"书呆子"，因为他掌握的知识并不能生成能力。而能力才决定成败，因为知道和做到之间并不能画等号，知道的人很多，做到的人却很少；有梦想的人很多，能把梦想变为现实的人却很少。能把梦想落地和变为现实的本事就叫能力，当知识生成能力之后，意味着一个人能够对结果负责，能够使梦想变成现实。

能力包括很多东西，比如演说能力、写作能力、创造能力、沟通能力、公关能力、企划能力等。对于企业家来说，有一些能力是必备的，比如运用权力的能力。

企业家是企业权力的化身。权力是领导力形成的基础。实施领导的过程，就是领导者对权力进行运用的过程。如果没有权力，领导力也就无从谈起。

权力是一把双刃剑，对于企业而言，如果权力运用得当，企业将会获得快速发展；如果企业运用不当，则会把企业拖入泥潭，使其走向衰落。因此，企业家是否具有权力运用的能力，很大程度上直接会影响到一个企业的命运。而对于一个企业家来说，他的成功与否，并不在于他是不是已经取得了权力，而在于他怎样巧妙地运用并维护自己的权力。

从玫琳凯化妆品公司的案例中，我们能窥见这个企业的创始人是如何运用权力来引导她的员工不断前进，使得企业逐渐成长起来，并缔造了辉煌成就。

20世纪60年代，颇具传奇色彩的玫琳凯·艾施用毕生的积蓄在美国创立了玫琳凯化妆品公司。经过四十多年的发展，玫琳凯已经成为全美乃至全球最畅销的护肤品牌，同时也是美国最大的皮肤保养品公司及第二大化妆品公司。即使从世界范围来看，也很少有公司能够像玫琳凯公司这样。公司的基础是建立在一套独特的价值观上，并且以拥有如此优良的传统为荣。玫琳凯·艾施最为推崇的管理手段就是赞美，通过这种方式激励妇女奋发向上而至成功。玫琳凯公司一直致力于为女性提供一个不论在收入、事业发展还是个人抱负等方面都无与伦比的成长机会。

我们来看看玫琳凯·艾施是怎样运用她的权力带领着玫琳凯公司走向辉煌的。

赞美自己的员工是玫琳凯公司一直坚持的一种管理理念。玫琳凯·艾施很早就发现，在所有的管理手段中，赞美是最不费成本却能发挥最大作用的一种。它能激励企业的员工，促使他们发现、挖掘自己的潜能。无论在什么场合中，玫琳凯·艾施总是毫不吝啬地给予员工赞美——使他们既能拥有物质上的满足，也能实现精神上的富裕。

每一天，玫琳凯·艾施都会用赞美这一法宝去称赞那些成功的人，她的奖品可能是缎带、金色的星星，也可能是刊登在公司月报上的表彰。这些花样繁多的奖励都在激励着公司的销售人员不断地积极向上，为提高玫琳凯的销售业绩奉献自己的力量。在所有的激励手段里，最令人振奋的就是每年夏季在达拉斯举行的"研讨会"。这个大会的颁奖礼上，最杰出的销售人员将会接受加冕，登上宝座，并获得丰厚的奖品，奖品包括钻石戒指、梦幻旅行甚至粉红色的凯迪拉克轿车等。除此之外，这些幸运的员工还能赢得最高奖励——公司的认可及来自同事的仰慕。

"信念第一，家庭第二，事业第三"，这是玫琳凯·艾施为她的员工设定的生活优先秩序。她提倡自己的员工把家庭和信念放在最重要的地位。不仅如此，在她对企业的领导中，也能体现出她是把企业当作家庭一样管理。每个员工的生日，都会收到一份充满情谊的生日卡和两份免费的午餐券。在"秘书周"的时候，所有的秘书都能得到一束鲜花和一个咖啡杯。当有新员工进入公司的时候，新员工在第一个月会得到与玫琳凯会面的机会，并被询问是否能适应自己的工作。

在玫琳凯·艾施的回忆录里曾经写过这样一个片段：有一次，一位先生谁也不问就走进来，坐到我们的接待处。后来，接待员问他："先生，有事要帮忙吗？""没事"他回答，"我来这里只是为了给电池充电。我整天都在访问公司，许多人都对我冷嘲热讽，令人讨厌，他们朝我吼'你想要什么？'但来到这里，所有人都是这样快乐并面带微笑，就好像走进阳光里。这家公司使我感觉良好。"我想这是我们受到的最好赞扬。

玫琳凯·艾施在公司内部塑造一种十分融洽的人文环境，使得玫琳凯公司的员工们始终保持着一种热情而又向上的气氛，并竭力发挥出自己的聪明才智，用自己最大的真诚与热情面对顾客。在玫琳凯去世后的很多年，还有许多公司以及企业领导者沿袭她的领导风格，并取得了巨大的成就。

玫琳凯·艾施正是有效地运用了自己的奖赏权力，完美地把赞美、关心、重视与丰厚的物质奖励紧密结合在一起。她充分地把握住了员工对于获得认同的渴望，十分恰当地通过赞美与奖励的途径激发了他们的天赋和才能。

由此可见，权力的运用是一种能力，是企业家必须具备的能力之一。

美国前总统克林顿的首席谈判顾问罗杰·道森曾经说过：全世界赚钱最快的办法就是谈判！因为在谈判的过程中所争取到的每一分钱都是净利润。

美国通用汽车公司堪称世界上最大的汽车公司之一，在通用公司的发展初期，曾经任命了一个叫罗培兹的员工做采购部经理，他为通用公司创造了一个神奇的记录——只用了半年的时间，就为通用汽车增加了净利润20亿美元。很多人都好奇，他是怎样做到这一点的呢？其实，其中的诀窍很简单。众所周知，任何一辆汽车都是由大大小小的零部件组装成的，其中有很大一部分零部件不需要自己生产，外购即可。在罗培兹走马上任的半年时间里，他把所有的精力都用于做一件事——把通用公司原有的供应配件的厂商请到公司来进行谈判，他反复强调通用公司的市场份额之高、信用度之好及每年的采购量之大，要求供应商考虑到这一点并重新对价格进行评估。如果供应商不能给出更合适的价格，那么，通用汽车公司就会选择更换供应厂商。经过了激烈的谈判之后，供应商们因为不想失去这个大客户，纷纷做出了调低价格的决定。就这样，在半年的时间里，罗培兹就为通用公司节省下了 20 亿美元。

由此可见，对于一个企业来说，企业家商务谈判能力的高低会直接影响到企业利润的高低。只有玩转商务谈判，才能把企业业务经营得风生水起。而在商务谈判中，如果企业家能灵活掌握并应用一些谈判原则和实用技巧，就能够在谈判桌上取得主动，起到"兵不血刃""不战而屈人之兵"的作用，为最终取得期望的结果奠定基础。

在企业家的日常工作中，至关重要的决策相对来说是有限的，而企业家经常需要面对的则是很多看似微不足道却必须及时进行处理的事情，正因如此，诺贝尔奖获得者、管理学家西蒙才会说：管理就是决策，决策是管理的核心。然而，每天占用企业家最多时间的恰好正是这些琐碎的日常决策事务。这些无关紧要的小事，如果企业家决策不当，到后来就会酿成大错，给企业带来巨大损失。因此，培养自己的科学决策能力，形成良好的日常决策模式和决策思维，不但能够节约时间，提高工作效率，而且也是企业家必备的职业素质和职业能力。

一个企业真正的对手不是其他的企业，而是自身，只有不断地进行创新，更好地适应市场，这个企业才能立于不败之地。因此，不断进取的创新开拓能力是企业家必备的能力之一。"一群狮子被一只绵羊率领，就会变成一群绵羊；一群绵羊被一只狮子率领，就会变成一群狮子。"尤其是在这个科技以迅猛的速度发展、信息几乎瞬息万变的时代，如果企业家没有足够的创新开拓精神，就无法适应形势的变化，更不能带领企业走上高速发展之路。如果企业家勇于开拓，有一颗永不言败的进取心，那么，任何艰难困苦、落后保守都无法阻挡企业奋力前进的脚步。

在计算机领域里，有一个众所周知的"摩尔定律"，它是由英特尔公司创始人之一戈登·摩尔在 1965 年 4 月的时候提出的。"摩尔定律"的内容如下所示。

1.集成电路芯片上所集成的电路的数目，每隔 18 个月就翻一番。

2.微处理器的性能每隔 18 个月提高一倍，而价格下降一半。

3.用一美元所能买到的电脑性能，每隔 18 个月就会翻两番。

"摩尔定律"所阐述的理论一直到现在仍然被人所称道，而且实践证明，它非常准确。也许正是由于对"摩尔定律"了如指掌，比尔·盖茨才会在微软最为鼎盛的时期，仍然一再强调：微软离破产永远只有 18 个月。想要继续保持企业的优势，微软必须学会创新。实际上，在领导微软的过程中，比尔·盖茨一刻也没有停下创新的脚步，他把创新当成微软发展的原动力，并让创新成为微软公司的一种核心文化，让每一个微软的员工都能自由选择自己可以创新的领域，为他们提供丰厚的条件，让他们发挥自己最大的才干。

对于比尔·盖茨来说，在这个时代，每一种新技术的出现都相当于微软的一个助推器。因为利用这些新技术以及新产品，微软就能够通过研发新软件的方式快速进入这些新的领域。比尔·盖茨曾经说过：微软的成功诀窍之一就是在条件允许的情况下提速，走到别人的前面去。

有人会认为，微软没有自己的技术，所有的核心技术都是从别人那里得来的，Windows的前身MS-DOS系统自不用说，Office软件和浏览器是尾随莲花和网景公司才开发的。这实际上是一种误解，何谓"创新"？难道学习别人的技术然后进行改造不是创新吗？更何况，改造后的技术比前人的更为强大。微软的特长就在于整合现有资源和学习他人技术之后的创新。而且，微软在许多方面还做出了骄人的成就。当早期的BASIC产品获得成功后，微软开始投入到MS-DOS的研发。MS-DOS成功后，微软立即将资金和人力投入到新技术的研发中，并成功推出了Office系列软件产品。随后，微软又利用Office等软件获得的积累，开始了Windws NT、Windws 2000、Windws XP等新一代操作系统的研发。当网络浪潮到来之时，微软不失时机地跻身网络研发领域，并不断推出新的产品。时至今日，微软又把大量的资源投入到"无缝计算"的核心方向，在发展MSN、移动软件、数字电视、XBX、高可信度计算、自然用户界面等方面不断创新。

三十多年前，比尔·盖茨为微软提出的前景目标是"让每张桌上都有一台个人电脑"。在三十多年前，这是一件几乎不可能完成的任务。现在看来，这个目标早就已经实现了。发展到现在，微软公司又提出了一个新的前景目标：试图通过优秀的软件，在任何时间、任何地点通过任何设备帮助人们发挥潜力。从远景目标也可以清晰地看出，创新是微软的核心价值观。

通过这个例子，我们可以看到，开拓创新能力是每一个成功者都需要具备的素质。跟着别人跑的人，永远只能当第二名。敢于超过跑在最前面的人，才是真正的勇士、强者。

在当下的社会，已经形成了一个竞争与合作并存、以信息和知识为基础的全球化市场经济。为了能在全球化经济浪潮中博得一片天地，作为企业领导者的企业家必须具有极强的创新能力以及创新精神。只有这样，才能在日益激烈的竞争中掌握主动，引领企业走向成功。

高纬度的是"思维"

靠思维能驱动未来，靠能力却只能活在当下。能力是解决眼前的问题，而思维是牵引你，告诉你该解决什么问题，甚至不该解决什么问题。

企业家能量场第三个层次的东西，叫思维。

在生活中，我们会看到，有些人虽然能力很强，却不一定能取得巨大的成功。有些人虽然看起来并不聪明，也不具备多么强的能力，却能创造出巨大的商业财富和事业成就。其实，这正是由于思维方式的不同而导致的。思维是超越能力之外的，是高纬度的。

我们都知道，选择大于能力。那么，选择是什么？其实，选择就是你的思维方式同别人不一样。阿里巴巴有一个员工叫童文红，因为令人惊奇的逆袭成功史被称为"最励志"的合伙人，她的故事能给我们很多启发。

2000 年 4 月，童文红无意中在网上看到阿里巴巴发布的招聘信息，正在找工作的她于是就临时起意前去面试。在这次面试之前，童文红做过 7 年物资贸易，因为生小孩在家休了一年半。到面试阿里巴巴的时候，她的年纪已经不小了。当时，她应聘的是行政助理，第一次面试没有被录用，第二次再试，被安排做前台。

在前台工作时，童文红的认真细致给很多同事留下了深刻的印象：她会把沪杭之间铁路车次时间表发给常去上海出差的同事；夏天到了，主动安排咖啡吧进一些冷饮；帮一直打电话找客服的客户解答一些基本疑问……

一年多后，当时主管人力资源的彭蕾找到童文红，希望她去做行政部的主管。童文红认真考虑了自己的能力，决定接受这个挑战。于是，童文红开始了行政部主管的工作。在后面的六年多里，童文红又得到几次升迁，一直升到总监的位置。

2013年5月，阿里联合银泰、顺丰、"三通一达"（申通、圆通、中通、韵达）等启动中国智能物流骨干网络项目，并成立菜鸟网络，童文红以阿里资深副总裁的身份兼任菜鸟网络首席运营官，代表阿里操盘菜鸟网络。2016年3月30日，阿里巴巴集团又任命童文红为菜鸟网络总裁。

刚加入这家公司时，童文红只是一个月薪500元的前台，但十多年过去了，现在的她已经一跃成为阿里巴巴的高管，拥有上亿身家。她能取得今天的成就，不只是因为她的能力，更是因为她选择了阿里巴巴。那么，她为什么选择阿里巴巴？当年的阿里巴巴只是一个初创企业，规模很小，也不稳定，很多人不愿意去这家小公司上班，甚至认为马云是"骗子"。童文红的判断却和别人不一样，她认为马云有前途、有梦想。她的思维方式和别人不一样，导致她的人生结果和别人也不一样，这就是尽管有人能力比她强10倍，却依然不能取得比她更多的商业财富的原因。

我们也可以看到，阿里巴巴的创始人马云，他不懂计算机，也没上过商学院，毕业于一个三流学校，只能做英语老师，却成了一个商业帝国的缔造者，甚至还成了50年来第一个登上国际权威财经杂志《福布斯》封面的中国企业家，理由是马云创建了全球最优秀的电子商务网站。他是靠什么创造企业的？我可以明确地告诉你，他靠的是思维。马云用他天马行空般的思维，用他创新性的、未来式的思维方式，创造了阿里巴巴这个商业奇迹，并在持续地影响着这个庞大的商业帝国的版图和未来走向。

阿里巴巴的"十八罗汉"，有的是人力资源管理方面的高手，有的是技术天才，有的擅长营销，有的在产品运营方面有所长……这些能力虽然是马云不具备的，但他却有超越常人的眼光。所以，他能领导这些人才，使其为自己所用，并在他们的帮助下开创一番事业。他用自己的思维组织起这些人的能力，使所有人如同象棋中的车、马、将、士、炮一样，组成了一个强大的攻防阵营，让企业在经营过程中始终保持着正确的发展方向，做出正确的战略决策以及正确的行为方式，正因为如此，阿里巴巴的市值和商业成就才会获得世界的瞩目。

思维方式是一种至高无上的能力，是一种超越常人的能力，是一种看不见摸不着的能力，是一种通过眼光、选择和判断就能秒杀一切的能力。然而，在我们的传统教育中，无论是大学教育还是商学院的教育中，都很少能见到对思维方式的训练。这些教育方式给予我们的往往只是一些基础技能，教我们怎么做，却不教我们为什么要这样做。而这些技能，往往又是过去的、传统的、基于经验的。所以，我们在教科书中学到的那些经典案例通常都已经过时了，学得越多，说明越过时，淘汰得越快。但思维却不同，思维不是靠经验来传承的，思维是可以穿越和创新的。所以，靠思维能驱动未来，靠能力却只能活在当下。能力是解决眼前的问题，而思维是牵引你，告诉你该解决什么问题，甚至不该解决什么问题。思维是一种超越能力之上的能力。

我们的传统教育旨在教我们各行各业的技能、知识，却不能升级我们的思维方式。更令人遗憾的是，在今天中国的教育系统，甚至是世界的教育系统当中，都找不到对思维方式的科学系统的训练。很多人从小学到大学都没有接受过系统的思维训练，都是为了考试而死记硬背一些知识、技能，这样的学习方式只能使他们的思维僵化。

如果一个人考试成绩越高、学习成绩越好，那么，他的能力就越强吗？答案是否定的。这只意味着他的思维被严重限制，被束缚住了，被固化了。我们看到，很多人因此失去了思考能力，他们的创造力也越来越差。

迄今为止，所有在商业上取得巨大成就的人，无论是一手创建微软、曾经18年成为世界首富的比尔·盖茨，还是社交网站Facebook创始人、年纪轻轻就走上人生巅峰的马克·扎克伯格，还是从一名普普通通的英语教师逆袭到中国首富的马云，没有一个是学习好的人，有些人甚至中途退学。正因为他们的思维没有退化，也没有僵化，他们的创新力没有被扼杀，才能引领企业创造未来。

学历不等于能力，资历不等于称职，文凭不等于水平，如果没有好的思维方式，你学的死知识再多，也"百无一用是书生"，更不可能取得辉煌的商业成果。有了好的思维方式，再利用你掌握的建立

在广博的知识体系上的各种能力，就意味着你已经成为顶级人才，你就能拥有预见未来的能力，能驾驭时代潮流，从而站在风口上，借势而为，达成很多目标。这就是思维这种高纬度能量带给我们的变化。

所以，学习所有的课程，学习所有的能力，都不如学习思维方式，而思维方式是至尊的能力系统，我们将其称为智慧系统的"葵花宝典"。思维的高度，决定了企业的成败和企业家的终极成就。

超纬度的是"智慧"

一个人可以通过智慧解读一切问题，可以通过智慧面对一切问题，可以通过智慧化解一切问题。智慧是一种超越知识体系、超越现有实践操作能力、超越思维的高级能量，代表着无极、无限的能量场。

思维是企业家能量场最核心的关键点，但还有一种东西，是超越思维的另外一种存在，这就是智慧。

什么是智慧？智慧是几千年来中国人公认的最高能量的代表，早在我国古代，就有很多关于"智慧"的论述。《墨子·尚贤》中说："若此之使治国家，则此使不智慧者治国家也，国家之乱，既可得而知已。"嵇康在《大师箴》中说："下逮德衰，大道沉沦，智惠日用，渐私其亲。"李二和《舟船的起源》中说："聪明是生存的能力，智慧乃生命的境界。"《颜氏家训·归心》则说："万行归空，千门入善，辩才智惠，岂徒七经、百氏之博哉？"

智慧是由智力系统、知识系统、方法与技能系统、非智力系统、观念与思想系统、审美与评价系统等多个子系统构成的复杂体系孕育出的能力，包含感知、知识、记忆、理解、联想、情感、逻辑、辨别、计算、分析、判断、文化、中庸、包容、决定等多种能力。智慧能够让人深刻地理解人、事、物、社会、宇宙、现状、过去、将来，使人拥有思考、分析、探求真理的能力。

在中国人的理解中，智慧是一种超纬度的能量。智慧是根据知识、经验、思维等进行的一种判断，是没办法用规律来进行复制的，是针对任何事情所做出的最正确的选择、反应和决策。能够说出来的、能够教出来的，是科学，而智慧是教都教不出来的，是不言而喻的，是讲不明白的。

一个人可以通过智慧解读一切问题，可以通过智慧面对一切问题，可以通过智慧化解一切问题。智慧是一种超越知识体系、超越现有实践操作能力、超越思维的高级能量，代表着无极、无限的能量场。所以，智慧是在创新型思维方式基础上加工、升级出来的一种结果。能到达智慧的境界就叫"涅槃重生"，就意味着能够获得巨大的、无形的能量。当我们进入超纬度的境界、进入化境之后，智慧就会在冥冥之中决定我们的行为、我们的判断，引领着我们的未来，将我们的想法、我们的事业、我们的能力、我们的选择、我们的企业实时引导到最佳的状态。

日本企业家稻盛和夫就是一个拥有大智慧的人。年轻时，稻盛和夫创立了京都陶瓷株式会社。京都陶瓷株式会社是一家高新技术企业，以精密陶瓷技术为基础。然而，稻盛和夫本人却并非技术人员出身，毫不夸张地说，他甚至对公司的核心技术毫不了解。当时，他的公司里有 8 个人，除了他之外，其他人全都是陶瓷技术方面的高手。其中，有一位叫作井上的员工，更是这方面顶尖的专家。

为了让井上生活得更舒适，稻盛和夫把自己的车和办公室都让给他使用，甚至把自己刚刚装修一新的家也腾出来让井上和其他员工居住，而他自己却租了一间狭窄逼仄的小平房。

稻盛和夫还总是不忘表达对员工的感谢，他时不时地对井上说："我要感谢你一直跟着我创业。我只是一个给京瓷未来做好梦的人，但你才是真正的筑梦人。做梦不要太大的地方，但筑梦需要!"井上和其他员工都被稻盛和夫这种利他之心深深感动了，发誓要为京瓷奉献出他们所有的技能。在他们的共同努力下，10年后，京瓷果然成为全球知名的上市公司。

20世纪80年代，日本通信业界风云突变。一场变革席卷了整个行业——电气通信事业法允许通信民营，由日本电信电话公社主导的垄断体制终于宣告结束，一个自由化、民营化、竞争的时代随之而来。此时，来自四面八方的媒体评论已经针对通信市场自由化的必然性达成了共识。然而，与这些报道中言之凿凿的改革趋势形成鲜明对比的是，参与者报名栏却始终是一片空白。如果在这一领域没有出现新的竞争者，日本电信电话公社一家独大的局面就不会发生丝毫的改变，民众便只能继续承受昂贵的通信费用。亲眼看见通信业界的风云变幻，稻盛和夫忽然产生了一个大胆的想法：创立民营通信公司，打破日本电信电话公社的垄断，为民众谋福利。

有志始成行，但稻盛和夫深知，如果这份责任感掺杂着私心的话，有可能最终一事无成。于是，很长时间以来，每天晚上入睡前他都会问自己：你参与通信事业真是为了民众吗，是否存有为公司或个人谋利益的私心，是否为了受到社会的关注而自我表现呢，动机是否纯粹……经过对初心的成千上万次拷问之后，他终于确定了内心深处无可动摇的意志，KDDI公司由此而生。

KDDI成立之后，问题层出不穷，如缺乏通信行业经营经验、核心技术匮乏、基础设施必须从零开始建设等。然而，在困难面前，稻盛和夫没有轻易放弃，而是迎难而上、自立奋战。他坚信，只要一心做有利于国民的事情，企业终究会获得成功。果不其然，没过多长时间，KDDI的业绩就领先于同期参与的其他企业。更令人惊讶的是，作为经营者的稻盛和夫手上连一股股票都未曾持有，却为一般的员工都提供了购买股票的机会，让员工们从KDDI的发展中获益。以此来表达对员工为公司鞠躬尽瘁的感激之情。稻盛和夫这种利他精神打动了每一位员工，使得员工们更加心甘情愿地为企业的壮大而奋斗。得益于万众一心的努力，KDDI的业绩呈直线上升趋势，成立不到20年，就跨入了世界500强行列。

稻盛和夫认为：企业家应该"拥有更高水准的哲学，更高水准的人生观""我赤手空拳创业至今，仅仅40年的时间，就取得这样的发展，并不是因为我有什么超群的才能，而是由于我始终忠实地信守了我所说的经营原则，才使我们的事业有了今天这样的空前发展。这并不意味着要去做什么特别的事情。就经营者而言，就是要把企业经营好，让员工包括其家属在内的所有相关的人都能放心地把自己的人生托付给公司。这本身就是了不起的善举，就是为社会为世人尽力。我认为，通过这种善行而磨炼得更为美好的灵魂，才是能够带往那个世界的、唯一的、真正的勋章"。

稻盛和夫先利人后利己的经营智慧与中国传统文化中"好人有好报"的朴素理念是一脉相承的。一个能成就伟大事业的人，在他的心灵深处，一定有一种大智慧。他知道，在企业经营中，只有做了有利于员工、客户乃至整个行业的事情，才会得到同样的有利回报，经营起来才会得心应手。企业是不可能脱离社会孤立发展的，而是存在于一个自然的生态系统中。如果企业家只一味地关注自己的利益，即使可以在这个世界上得以生存，一旦爆发危机，就会孤立无援。企业只有与相关利益者建立从共赢到共生的良性关系，从"利他之心"出发，才能依靠强大的整体力量获得持续性发展。

我们可以清晰地看到，一个企业家的成功，一家企业的辉煌，都源于这 4 个层次的东西：从低纬度的知识，到中纬度的能力，到高纬度的思维，再到超纬度的智慧，构成了企业家的能量系统。这种企业家的能量系统最终又生成企业家个人的终极魅力以及运营企业的各种能力，指引着企业的成败和未来，影响着、决定着企业的发展和兴衰，从而决定着企业家拥有财富的多少。

因此，对于一个企业家来说，要想快速完善自己的能量智慧系统，就必须在知识、能力、思维和智慧上进行持续完善，让自己掌握更多的知识，然后生成更强的能力，通过能力的散发，不断地升级自己的思维方式，然后通过思维方式的升级，最终生成能"通天"的智慧，幻化成无穷无尽的能量。能达到这一境界的企业家，就是顶级的企业家。

第四章

打通你的

思维通路

透过时间的思维通路

当你知道时间可以改变一切时，你对人生也会产生新的理解，你对生活的认知、你的人际交往、你对家庭的经营都会出现合理和圆满的走向。

思维从哪里产生出来的？思维是按照什么形态运行的？要回答这些问题，我们需要解读思维通路，探寻思维运行的逻辑。

在思维的运行通路中，第一点是时间通路。这是一个非常抽象的概念。在不同的时间里，人类的判断认知会发生改变。很多人对这个概念感到非常困惑，我们可以通过一个现象来加深对这个抽象概念的理解。

在日常生活中，我们常说的一个词叫"海枯石烂"。很多人对爱情充满了向往与憧憬，并且怀着一个美好的愿望——希望与自己相爱的人白头偕老，生死相依。在坠入爱河之后，有些人就会相互承诺"海枯石烂，不离不弃"，也就是说至死不相离。但是，几乎人人都知道，所谓的"海枯石烂"，其实是一个永远难以实现的美丽传说。我们可以看到，尘世间很多的爱情，都是从美丽的愿望开始，但遗憾的是却都是以不那么美好的结局而告终。为什么大多数爱情都很难走到海枯石烂？

事实上，如果我们对一个人、一件事的认识没有进入到思维的层面，那么，我们的认知就会停留在"这个人很好""这个人人品好""这个人人品不好""在一起就好，不在一起就是背叛"这样的形象判断，却没有触摸到事物发展的本质。当我们看到事物发展的本质时，我们就会了解到，爱情是不可能海枯石烂的，因为时间会改变一切。

在爱情刚刚萌发的时候，是非常美好的。但是，爱情是属于某一个时间段的，人在年轻的时候往往会爱得死去活来、你侬我侬，但你见过七八十岁的人谈恋爱谈得轰轰烈烈的吗？不能说绝对没有，但一定是少之又少的。为什么人在年轻的时候更容易相信爱情，为爱情而沉迷？因为人与人之间产生爱情，离不开几个因素的影响，比如美丽的容貌、荷尔蒙、生活方式、心理需求等。只有这些因素共同发挥作用，爱情才会出现。到了七八十岁，荷尔蒙已经消失了，当然就不谈情说爱了。这个阶段，爱情就转化成了亲情。所以，爱情是变化的，在不同的年龄阶段会表现出不同的形式。普通人对爱情的理解却非常狭隘，往往会把阶段性的东西理解成永恒的东西。

换言之，我们年轻的时候拥有的爱情，到了60岁、70岁、80岁的时候，它的构成要素已经发生了变化，结果也随之发生了改变。年轻的时候你向往"海枯石烂"，但人到中年，生活内容发生了变化，还希望爱情保持当初的浓度是不现实的，这时，爱情已经演变成了亲情。到了老年的时候，如果你还想拥有轰轰烈烈的爱情，几乎是不可能的。

通过这个例子我们就能发现，改变一切的是时间。海枯石烂、至死不渝的爱情本身就是一个伪命题，因为爱情是有专属期限的，走到

最后的时候，爱情就成了生活中的陪伴。当你明白了这个道理之后，就会重新理解爱情，也就是说，你的思维通路发生了变化，你就知道，在人生旅途中，什么时候收获爱情；什么时候收获亲情；什么时候需要的是生活，再也不会有那种天真的、幼稚的"死了都要爱"的想法。你会知道，海枯石烂是一种不切实际的想法。很多人因此受到情伤，因为他们认识不到爱情的时间属性，他们的思维把一个过去的、固定的东西理解成了恒久的东西。

当你知道时间可以改变一切——时间让我们从不认识到认识，时间让我们从远到近、从牵手到分手，时间让我们慢慢地消失，让我们从无到有又从有到无，最后变得一无所有。时间让我们走向生命尽头的时候，你对人生也会产生新的理解。你会发现，生命只是一段时光的旅程，爱情是一种生活方式，心情也是一种生活方式。这时，你对生活的认知、你的人际交往、你对家庭的经营都会出现合理和圆满的走向，你会更加惜福，更懂得把握当下、创造更多幸福。因为你的思维方式随着时间通路的打开，已经能认知过去，并且能够预判未来，从而可以更游刃有余地驾驭自己的人生。

改变角度的思维通路

当我们换到不同的角度，我们的思维方式就会不一样，我们会看到不同的风景，看到不同的价值取舍。这时，我们就能更理解别人，最终接受他们的观点。

一个人在不同的时间，看问题、判断事物价值会有不同的标准，这是思维的时间通路。角度的通路是思维的第二条通路，当我们从不同的角度来看待问题时，同样也会得出不同的答案。

生活中，经常有些人喜欢跟别人抬杠，别人的观点与他们的不一致，他们就一定要辨出谁是谁非。其实，哪里有那么多是是非非，更多的时候是每个人站在不同的立场以不同的视角来看待同一个问题，结果得出了不同的认知。我们明白了这一点，就能听进所有声音，不会再把时间浪费在与别人辩论上，也不会再因为观点的不同而与别人发生矛盾冲突。因为每个人的行为都有其缘由，当我们换到不同的角度，我们的思维方式就会不一样，我们会看到不同的风景，看到不同的价值取舍。这时，我们就能更理解别人，最终接受他们的观点。当我们用这种方式来解读万事万物时，就可以避免矛盾、避免悲剧。企业经营也是如此。当我们站在不同的角度，我们的人生取舍是完全不同的，所以，企业的发展就会出现不同的结果。

今天，阿里巴巴很强大，但阿里巴巴在成长的道路上也曾遇到过比自己更强大的对手，比如eBay。在当时，以eBay在全球C2C领域的市场份额和雄厚实力，无论在美国还是其他国家，都找不到一个旗鼓相当的对手。比起阿里巴巴，eBay无论是资金、实力，还是技术都要强大得多。于是，马云把阿里巴巴与eBay之间的"战争"形容成蚂蚁和大象的竞争，但尽管如此，阿里巴巴依然迎难而上，毫不畏惧。在竞争的过程中，因为两家企业领导者的思维方式不同，看问题的角度不同，两家企业的结果也就完全不同。

我们看到，最终阿里巴巴大获全胜，淘宝网在中国市场上完全狙击了eBay，在全球市场上也逐渐蚕食了它的份额。那么，马云的角度是什么？马云说：我从来不看竞争对手，如果你把竞争对手当靶子打，你就死了。我只看客户的需求。所以，阿里巴巴的使命是让天下没有难做的生意，我们要把我们的价值最大化，我们要产品最便宜，我们要实行免费策略，要更好的服务客户，获得更大的价值。他站在客户的角度思考问题，最终赢得了客户的心。

当时的eBay资金丰富，实力过硬，在"歼灭"淘宝的过程中，他们思考的角度是"我就是要打败淘宝""我就是要消灭淘宝"。他们投入巨额资金买断阿里巴巴的推广渠道，把大量资源都用在了竞争上。他们不是以客户为导向思考问题，而是以竞争为导向，最终他们失去了人心，不得不退出中国市场，而阿里巴巴则赢得全国客户的支持。这就是从不同角度思考问题对企业成败的巨大影响。

在商战中，企业家要随时调整自己思考问题的角度，角度错了，即使企业拥有再丰富的资源，企业家再有能力，也是无济于事。而决定角度的不是能力、知识，也不是豪华团队和丰富经验，而是企业家的思维方式。当企业家的思维方式对了，企业才能破茧而出，发展得如火如荼，最终取得辉煌的成就。

不同空间的思维维度

空间维度不一样，人的思考方式不一样，人的生命价值和事业价值也会变得不一样。一个人把自己放在更大的空间中，他的事业格局就随之发生天翻地覆的变化。

很多年前，我有一个朋友，在珠三角开了一家公司，生意非常好，事业做得很大。这时，他的家乡向他伸出了橄榄枝，为他提供了丰厚的条件——给他免费贷款，给他免费的厂房，给他免费的办公楼，还给他税收减免。于是，他心动了，把自己的企业搬回了家乡。3年过去了，他的事业不但没有继续原来的辉煌，反而濒临破产的边缘。为什么会出现这种情况？是因为在他的家乡，他的公司失去了产业集群的优势，也很难招到对口的人才，他的企业反应速度变慢，产品周期也延长，只能面临被淘汰的命运。

由此可见，当一个人或者一个企业处于不同空间时，思维方式也会不一样。这就是思维的第三条通路——空间的思维通路。

如果你要做电子商务，就应该去杭州，因为那里是电子商务集聚地。如果你要做服装贸易，你应该去广州，那里有数不胜数的服装批发市场。如果你做的是手机零配件生意，那你就应该去珠三角的电子市场上"淘金"。找到正确的空间，经营企业才能事半功倍。

否则，只会适得其反。有一个小故事，可以帮助我们了解什么是空间的维度。

有一个从小就没有父母的孤儿，生活孤苦无依，既没有田地可以种，也没有钱可以用来做生意，每天只能四处流浪，靠别人的施舍来过活。这样的生活让他感到非常迷茫，有一天，他去求见一位高僧："我既没有父母亲朋的相助，也没有一技之长，该怎么生存呢？"

高僧什么也没说，从地上随手捡起一块小石子，对孤儿说："明天早上，你拿着这块小石子到集市上去卖。但是，你要记住一点，不管有多少人想买这块石头，你都不能卖。"

孤儿不明白高僧的用意，心想：这块石头遍地都是，怎么会有人愿意花钱买呢？但是，虽然不相信这块石头能卖出去，他还是按照高僧说的去做了。

第二天，孤儿来到集市上，在一个不起眼的小角落里蹲下来，开始叫卖那块石头。结果如他所料，根本没人把这块小石子放在眼里。他接连卖了3天石头，都无人问津。直到第四天，才有人好奇地过来询问。第五天，终于有人要出钱买这块石头。到了第六天，石头的价格已经出乎他的想象了。

第六天晚上，孤儿高兴地对高僧说："想不到一块石头竟然值那么多钱！"

高僧笑笑说："明天你再把这块石头拿到黄金市场去，同样，不管别人出多少钱，你都坚持不卖。"

第二天，孤儿把石头拿到黄金市场去。在满是黄金的市场上突然出现了一个卖石头的，人们都非常诧异。很快，就有人过来问价，到了第二天、第三天，问价的人越来越多。几天以后，石头的价格已经被抬得高出了黄金的价格，而孤儿依然坚持不卖。越是这样，人们的好奇心就越强。后来，越来越多的人愿意用高得离谱的价格来买这块石头。

孤儿又去找高僧，高僧对他说："你再把石头拿到珠宝市场去卖……"

在珠宝市场上出现了同样的情况。最后，石头的价格已经被炒得比珠宝的价格还要高了。因为孤儿无论如何都不卖，那块石头更是被传扬为"稀世珍宝"。

同样一块小小的石头，在普通集市、黄金市场和珠宝市场上却有了不同的价值。可见，空间维度不一样，人的思考方式不一样，人的生命价值和事业价值也会变得不一样。一个人如果能把自己放在更大的空间中，他的事业格局就随之发生了天翻地覆的变化。

作为一个企业经营者，一个想在未来把企业做强做大的企业家，你一定要把你的思维方式最好的通路打开。你不仅要懂得利用时间的通路，懂得在不同的时间做不同的事情；同时，你还要善于打开角度的通路，从不同的角度解决不同的问题，得到不同的答案；还要充分利用空间的通路，通过置换时空来考虑如何解决问题，从而形成全方位的、立体的判断。唯其如此，你才能做出最明智、最伟大的决策，为你的企业找到最好的方向，制定最好的策略，并用最正确的战略引领你的企业走向辉煌，实现基业长青。

第五章

商业思维与成功模式

人生成果的计算公式

　　稻盛和夫将自己的成功心法，总结为一个人生成功方程式——"人生成果=思维方式×热情×能力"。在他看来，"自己之所以能有今天，就是因为秉持了积极的思维方式"。

"人生成果=思维方式×热情×能力"，这是世界著名实业家、被称为日本"经营之圣"的稻盛和夫根据自己的成功经历总结出来的人生方程式。

翻开稻盛和夫的人生履历，我们会发现，他也并非传统意义上的"聪明人"，初中、高中、大学考试常常不及格。毕业之后，他原本想当一名医生，却只能在一个陶瓷厂找到一份研发工人的工作，负责新型陶瓷的研发。稻盛和夫进入公司的时候，这家公司已经快要倒闭了，发不出工资，员工士气低落，常常以罢工来宣泄。在这里，稻盛和夫从事的是与自己的专业并不对口的工作，而且工作环境十分恶劣。对于这样一份工作，稻盛和夫一点儿也不喜欢，甚至还有一些厌恶。他开始思考，是辞职离开公司，还是继续留在这里？想了很久，他决定：既然还没有找到一个充分的辞职理由，那就先放下这个问题，埋头工作吧。

稻盛和夫的工作职责是研究最尖端的新型陶瓷材料，为了做好这项工作，他把家搬到了实验室，吃在实验室，睡在实验室，几乎把自己全部的时间都投入研究之中，经常把吃饭这件事忘在脑后。为了补充知识，他订阅了与陶瓷有关的很多美国专业杂志，为了读懂这些杂志，他把辞典都快翻烂了。下班后仅有的一点休息时间，也都被他用来学习了。他不断地想，不断地思考，一次又一次地在头脑中模拟推演，那些开始只出现在梦境里的东西逐渐清晰。最后，梦境与现实的界限消失，难以想象的事情发生了：既没有知识背景，又缺乏经验和设备的稻盛和夫，却搞出了世界领先的发明，给快要倒闭的工厂带来了希望。

凭借着自己出色的科研成果，稻盛和夫成了无机化学领域冉冉升起的一颗新星。从这家陶瓷厂辞职后，稻盛和夫决定以自己亲手开发的精密陶瓷技术为核心成立新公司。幸运的是，有人看中稻盛和夫的人品和技术，愿意出资。

1959 年 4 月，稻盛和夫的京瓷公司正式成立。在创业之初，京瓷公司只是一家规模很小的公司，即便这样，稻盛和夫也已经立下了一个宏伟的目标，即"现在要成为原町第一的企业，成为原町第一后，就要成为中京区第一，之后是京都第一。当成了京都第一后，接下来就是要成为日本第一。成了日本第一后，就要成为世界第一"。

1962 年，一直想要进军海外市场的稻盛和夫，用了一个月的时间访问美国，这是他第一次海外出差。在"1 美元=360 日元"的当时，对于创业才第四个年头的京瓷来说，稻盛和夫的这次的海外出差是个极大的经济负担，却朝着进军世界市场这个梦想迈出了第一步。虽然没有获得至关重要的订单，但京瓷的技术实力得到了高度评价。之后，稻盛和夫始终未放弃进军海外这一梦想。1964年，他再次访问欧洲和美国，积极开展营销活动。这些努力逐渐取得了丰硕的成果，京瓷公司开始接到了来自海外的订单。出口额稳步攀升，业务逐渐扩大了美国及欧洲和亚洲。

2000年10月，已经功成名就的稻盛和夫再次开始创业历程，成立KDDI的前身——DDI（第二电电），这是在1984年日本开放电气通信行业、允许民间企业进入时，以京瓷为核心成立的一家公司。第二电电以突飞猛进之势进行了基础设施的建设，最终得以与其他新电电公司在同一时期开始营业。最无优势的第二电电，结果在营业额和利润两方面都保持了领先。

2010年1月，日本航空公司申请适用"公司重建法"，即事实上的破产。为了使日本航空得以重建，稻盛和夫答应了日本政府的再三请求，就任日本航空的会长。虽然这一决定遭到了周围人的强烈反对，但为了防止二次破产对日本整体经济的恶劣影响，为了保住留任日航员工的工作，同时也是为了维护合理的竞争环境，确保国民的利益，稻盛和夫还是毅然决然地接受了这个艰巨的挑战。

刚破产的日本航空公司，员工们是一盘散沙，大众舆论都认为重建是不可能的事情。在这样的情况下，稻盛和夫带着"稻盛哲学"与"阿米巴经营"来到日航。通过制定"日航哲学"，不但诞生了日本航空共有的价值观，同时也推进了全体员工的改革意识。此外，通过导入阿米巴经营，使每一位员工都萌生了经营者的意识，全体员工开始思考如何提高自己部门的销售额，如何削减经费。结果是此前一直亏损的日本航空公司，重建开始后的第二年度就取得了 1884 亿日元的营业利润，变身为世界航空领域收益最高的企业。2012 年 9 月，日航在宣布破产后仅仅用了 2 年零 8 个月就实现了重新上市。而且，在稻盛和夫的领导下，日本航空公司还实现了同行业的 3 个"世界第一"：一个是利润世界第一，一个是准点率世界第一，一个是服务水平世界第一。

因其在企业经营方面的独到天赋，稻盛和夫在日本被称为四大"经营之圣"之一，另外 3 位分别是：松下幸之助，松下的创始人；盛田昭夫，索尼的创始人；本田宗一郎，本田创始人，而这几位被授予"经营之圣"的称号时，都已逝世。稻盛和夫是年龄最小且唯一健在的一位，被尊为"日本国宝级人物"，我国哲学大师季羡林评价他"根据我七八十年来的观察，既是企业家又是哲学家，一身而二任的人，简直如凤毛麟角，有之则稻盛和夫先生始"。

稻盛和夫根据自己七十多年的切身经历获得的经营哲学进行了总结，形成了独特的"稻盛和夫哲学"，出版了《干法》《活法》《人为什么活着》《在萧条中飞跃的大智慧》《拯救人类的哲学》等多部经典著作，流传在世界各地，为无数人点燃了指路明灯，影响了一代又一代的企业家。中国企业家马云和柳传志也将其奉为导师，还曾亲自前往日本拜访稻盛和夫，学习他的企业经营之道。

稻盛和夫将自己的成功心法，总结为一个人生成功方程式——"人生成果＝思维方式×热情×能力"。在他看来，"自己之所以能有今天，就是因为秉持了积极的思维方式"，也"只有这个方程式才能解读我自己的幸福人生，才能解读京瓷和 KDDI 的顺利发展，以及日本航空的成功重建"。

稻盛和夫是这样解释这个人生成功方程式的。

我自己长期以来，就是根据这个方程式做事的。并且觉得只有用这个方程式才能解释自己的人生和京瓷公司的发展。表示人生结果或者工作成果的该方程式中的"思维方式""热情"和"能力"3个要素，其中"能力"也许是天生的，包括从父母那里得到的智力、运动神经及健康等。可以称为天赋的这个"能力"，每个人都不同，如果用分数来表示的话，可以计为 0 到 100 分。

在这个"能力"上乘以"热情"。这个"热情"也可以称为"努力"。"努力"的程度也因人而异，从没有干劲、没有雄心、没有活力的懒汉，到对工作和人生充满燃烧的热忱、拼命努力的模范，也可以从 0 到 100 打分。不过，这个"热情"与"能力"不同，它不是先天的，而是可以由自己的意志来决定的。因此，我总是持续地、最大限度地发挥"热情"这个要素，从创建京瓷开始一直到今天，始终坚持付出"不亚于任何人的努力"。

首先，这个"不亚于任何人的努力"非常重要。很多人自认为自己已经尽力了，但在企业界，当竞争对手比我们更努力时，我们的努力就不奏效，我们就难免失败和衰退。普通程度的努力没有意义，必须付出"不亚于任何人的努力"。否则，就无法在严酷的竞争中立足。而且这种努力不是一时的，而必须是持续不断、永无止境的。周围人总劝我说"你这么干，总有一天会倒下"，但我从创业以来，一直不分昼夜、全身心地投入工作。如果拿马拉松比喻，就好比把 42.195 公里的路程,按照短跑方式全力跑完一样。这样的事情谁都认为不可能,但我们京瓷却自始至终全速前进。尽管在陶瓷领域我们属于后起跑的企业,但不知不觉中那些历史的、先行起跑的企业进入我们的视野,我们一口气超越了他们。现在,"京瓷"已经成长为全球首屈一指的精密陶瓷制造商。这就是"热情",也就是"努力"带来的成果。

这里的"能力"和"热情"我们用分数来表示,比如说某人很健康、很聪明,"能力"可以打 90 分。但是,这个有 90 分能力的人过分自信而不肯努力,其"热情"只有 30 分。于是,90 分的能力乘上 30 分的热情,该人的分数只有 2700 分。另一个人认为"自己只略胜于普通人,能力只不过 60 分左右,但正因为没有突出的才能,所以才必须拼命努力",于是,他激励自己发奋努力,其"热情"为 90 分。于是,60 乘上 90 则是 5400 分,这比前面那位有能力的懒人的 2700 分要高出一倍。 就是说,即使只具备普通能力的人,只要他付出持续不懈的努力,就一定可以弥补自身能力的不足,取得很大的成果。

同时,这个方程式最重要的是:在上述"能力"和"热情"的乘积上,再要乘上"思维方式"这一要素。刚才说的"能力"和"热情"是从 0 到 100 分,而"思维方式"则从坏到好,有从负 100 分到正 100 分这么大的幅度。比如不辞辛苦,愿为他人的幸福而拼命工作,这样的"思维方式"就是正值;相反,愤世嫉俗,怨天尤人,否定真挚的人生态度,这样的"思维方式"就是负值。

这样的话,因为三要素是相乘的关系,如果持有正面的"思维方式", 人生和工作的结果就是一个更大的正值; 相反, 如果持有负面的 "思维方式", 哪怕是少许, 三者相乘的结果不仅一下子变成了负值, 而且能力越强, 热情越高, 其人生和工作的结果反而越发糟糕。用刚才的例子来讲, 那位有 60 分的 "能力" 和 90 分 "热情" 的人, 如果他持有人的正确的 "思维方式", 并达到 90 分, 那么 $60 \times 90 \times 90$ 等于 48.6 万分, 方程式的值达到了非常优的高分。相反, "能力" 和 "热情" 的分数相同, 但持有哪怕只有少许的负面的 "思维方式", 比如某人的 "思维方式" 只有负的 1 分, 那么方程式的结果一下子就转为负的 5400 分; 有人持有非常恶劣的反社会的 "思维方式", 达到负的 90 分, 那么最终的乘积就是负 48.6 万分, 给他的人生和工作带来极为悲惨的结果。

正面的 "思维方式" 包括: 积极向上、具有建设性; 擅于与人共事, 有协调性; 性格开朗, 对事物持肯定态度; 充满善意; 能同情他人、宽厚待人; 诚实、正直; 谦虚谨慎; 勤奋努力; 不自私, 不贪欲; 有感恩心, 懂得知足; 能克制自己的欲望; 等等。

负面的 "思维方式" 包括: 态度消极、否定、缺乏协调性; 阴郁、充满恨意, 心术不正、想陷害他人; 不认真、爱撒谎、傲慢、懒惰; 自私、贪心、爱发牢骚; 憎恨别人、妒忌别人; 等等。

自己的思维方式究竟是正还是负, 其数值是高还是低, 是左右方程式结果的关键。

我想出这个方程式后, 就经常把它展示给员工, 向他们说明 "思维方式是何等的重要, 思维方式决定了人生和工作的结果"。同时, 我也时刻鞭策自己, 力求使方程式的数值最大化。

　　这个人生成功的计算方程式，堪称是一个终极的、规律性的定律。有了这个定律的指导，我们再来看待自己的人生、解剖自己的人生、辨别人生成败差异，就能恍然大悟。它高屋建瓴地指出我们在人生道路上进行自我建设的一个方向，为我们指明人生的成败与结果。

成功方程式模块解读

思维方式、能力与热情这三大要素是相辅相成的。在人生的道路上，如果我们找到了正确的方向，善于利用正确的思维方式，再投入百分百的热情，积极、永不放弃，并且不断完善各种能力，我们的人生必定会取得成功。

稻盛和夫的成功方程式是由 3 个模块组成的：思维方式、能力和热情。

我们先来解读第一个模块——"思维方式"。"思维方式"里蕴含着让每一个人的人生发生天翻地覆转变的巨大力量。在稻盛和夫看来，"思维方式"是人生方程式中最重要的元素，因为它有着"正负"之分。在他看来，"将人引向正确方向的思维方式"比"能力"中包括的智商、体魄、专业技能等因素更重要。如果思维方式有问题，人就可能沦为"才能的奴隶"，人生与事业都不会成功。如果想让仅有一次的人生绽放光彩，"将人引向正确方向的思维方式"起着决定性作用。

当困难袭来的时候，我们到底应该朝着哪个方向前进呢？一切判断都来自我们的"思维方式"。一个接一个的判断积累起来，人生的结果自然就会呈现。人生、工作的结果的方程式又叫"成功方程式"。我们的人生或事业之所以波澜起伏，之所以事不遂愿，往往是因为方程式中的"思维方式"出了问题。败局并不等于死局，引领已经申请破产的日航重新走向辉煌就是稻盛和夫"成功方程式"的最好证明。

"能力"是成功方程式的第二个模块。"能力"这个概念，并非只限于头脑好坏，还包括身体素质等各方面。稻盛和夫曾经通过"胸怀大志""积极向上""不惜努力""诚实正直""钻研创新""越挫越勇""心灵纯粹""保持谦虚""利人利世"等关键词，以其切身的感悟阐释实现幸福人生的"做人的姿态"。他强调，"我具有无限的能力。它之所以一直没有得到提升，是因为自己之前不具备努力提高能力的意识。所以，要从现在开始努力"。要想创造新成绩、取得新成就，就要相信人的能力是无限的，并且通过实践来追求人类的无限可能性。

怎么才能充分发挥自己的能力呢？首先要找到自己的核心优势并对其进行充分打造。

很多人总是专注于补弱，弥补劣势，虽然有时候确实是必要的，但它只能使我们避免失败，却不能使我们出类拔萃。为什么这么说呢？因为很多能力都是与生俱来的，依靠不停恶补未必能取得好的结果。例如，如果你对数字不敏感，却硬要当会计。那么，你不仅很难取得好的成绩，甚至连日常的工作也会觉得很吃力。发挥你的优势却正好相反，一个人做自己擅长的事情更容易成功，如果能强化自己的优势，他就更容易做出成绩。所以，我们无须担心自己的劣势，关键是能将自己的优势发挥到极致。我们常说的"术业有专攻"，从某种程度上来讲，一个人只有找到自己的优势，才能在商业战场上有一席之地。

在美国，一直广泛流传着一个关于成功的寓言故事，它取材于一本名为《飞向成功》的畅销书。

为了和人类一样聪明，森林里的动物们开办了一所学校。开学典礼的第一天，来了许多动物，有小鸡、小鸭、小鸟，还有小白兔、小山羊、小松鼠。学校为它们开设了 5 门课程：唱歌、跳舞、跑步、爬山和游泳。当老师宣布，今天上跑步课时，小白兔兴奋地在体育场地跑了一个来回，并自豪地说：我能做好我天生就喜欢做的事！而再看看其他小动物，有噘着嘴的，有拉着脸的。放学后，小白兔回到家对妈妈说：这个学校真棒！我太喜欢了。

第二天一大早，小白兔蹦蹦跳跳来到学校。老师宣布，今天上游泳课，小鸭子兴奋地跳进了水里。天生恐水，祖上从来没人会游泳，小白兔傻了眼，其他小动物更没了招。接下来，第三天是唱歌课，第四天是爬山课……以后发生的情况，便可以猜到了，学校里的每一天课程，小动物们总有喜欢的和不喜欢的。

这个寓言故事寓意深远，它诠释了一个通俗的哲理，那就是"不能让猪唱歌、兔子学游泳"。要成功，小白兔就应跑步，小鸭子就该游泳，小松鼠就得爬树。成功心理学的理论告诉我们，判断一个人是不是有能力，最主要的是看他是否最大限度地发挥了自己的专长。

有一个小男孩很喜欢柔道，一位著名的柔道大师答应收他为徒。然而，还没有来得及开始学习，小男孩就在一次车祸中失去了左臂。那位柔道大师找到小男孩，说："只要你想学，我依然会收你做徒弟的。"于是，小男孩在伤好后，开始学习柔道。

小男孩知道自己的条件不如他人，因此学得格外认真。3 个月过去了，师傅只教了他一招，小男孩感到很纳闷，但他相信师傅这样做一定有自己的道理。又过了 3 个月，师傅反反复复教的还是这一招，小男孩终于忍不住了，他问师傅："我是不是该学学别的招数？"师傅回答说："你只要把这一招真正学好就够了。"

又过了3个月，师傅带小男孩去参加全国柔道大赛。当裁判宣布小男孩是本次大赛的冠军时，他自己都觉得不可思议。只有一条手臂的他，第一次参赛就以唯一的一招打败了所有的对手。回家的路上，小男孩疑惑地问师傅："我怎么会以一招得了冠军呢？"师傅道："有两个原因。第一，你学会的这一招是柔道中最难的一招；第二，对付这一招的唯一办法是抓你的左臂。"

找到优势，发挥到极致，往往就是成功。扬长避短，才能创造出人生的辉煌。如果你舍本逐末，用自己的弱项和别人的强项拼，失败的只能是自己。

其次是要用心，只有用心，能力才能得到更好地发挥。这里所说的"用心"，不但要把心思全部放在我们的事业上，还要积极主动地思考、创造。

1997年8月，海尔的魏小娥被派往日本，学习掌握世界上最先进的整体卫浴生产技术。在日本学习期间，魏小娥注意到，日本人试模期废品率一般都在30%~60%，设备调试正常后，废品率为2%。

"为什么不把合格率提高到100%？"魏小娥问日本的技术人员。

"100%？你觉得可能吗？"日本人反问。

在对话中，魏小娥意识到，不是日本人的能力不行，而是思想上的栏杆使他们停滞于2%。作为一个海尔人，魏小娥的标准是100%，即"要么不干，要干就要干第一"。她拼命地利用每一分每一秒的学习时间。3周后，她带着先进的技术和赶超日本人的信念回到了海尔。

时隔半年，日本模具专家宫川来华访问见到了"徒弟"魏小娥，她此时已是卫浴分厂的厂长。面对着一尘不染的生产现场、操作熟练的员工和100%合格的产品，宫川惊呆了，反过来向"徒弟"魏小娥询问："有几个问题曾使我绞尽脑汁地想办法解决，但最终没有成功。我们卫浴产品的现场脏乱不堪。为此，我们一直想做得更好一些，但难度太大了。你们是怎样做到现场清洁的？100%的合格率是我们连想都不敢想的。对我们来说，2%的废品率，5%的不良品率天经地义，你们又是怎样提高产品合格率的呢？"

"用心。"魏小娥简单的回答又让宫川大吃一惊。

其实，魏小娥也不是轻而易举地取得成功的。单说处理产品"毛边"，就是一个令人心里发毛的难题。有一天，她回家时已经万家灯火了，吃着饭的魏小娥仍然在想着怎样解决"毛边"的问题。突然，她眼睛一亮：女儿正在用卷笔刀削铅笔，铅笔的粉末都落在一个小盒内。魏小娥豁然开朗，顾不上吃饭，在灯下画起了图纸。第二天，一个专门收集毛边的"废料盒"诞生了，压出板材后清理下来的毛边直接落入盒内，避免了落在工作现场或原料上，也就有效地解决了板材的污染问题。2%的责任得到了100%的落实，2%的可能被一一杜绝。终于，100%这个被日本人认为是"不可能"的产品合格率，魏小娥做到了，不管是在试模期间，还是设备调试正常后。1998年4月，海尔在全集团范围内掀起了向魏小娥学习的活动，学习她"认真解决每一个问题的精神"。

用心的人做事的标准不只是把事情做对，还要用心把事情做好。在他们的心目中，自始至终都有一个原则——认真负责，做到最好。这是一种能力的体现，也是使能力百分百发挥的"杠杆"。

成功方程式的第三个模块是"热情"。人的一生中，应该拥有很多必不可少的品质，热情就是其中之一。热情是人类天然真情和率直感情发展到足够强烈程度的一种自然表现，是人类对自身及周围各类对象发自内心的关注，以及受外来影响而激发出的强烈真情。人不能没有热情，一旦没有了热情，人生之树也就枯萎了。

有一位心理学家通过实验研究指出，热情能弥补一个人在能力上存在的 20% 的缺陷。相反，如果一个人的心中缺乏足够的热情。那么，他的能力也会受到一定的抑制，最终能发挥出 50% 也就不错了。热情是一种精神特质，代表着一种积极的精神力量，它就像是一把熊熊燃烧的火，能为人们燃烧起成功的希望，驱动着人们奔向光明的前程，激励着人们唤醒沉睡的潜能，发挥无穷的才干和活力。

被誉为"世界第一CEO"的杰克·韦尔奇在他 20 年的任期内，引领着美国通用电气集团进入了一个辉煌的时代。在他退休前，写一本关于他的成长与成功的自传是他最后要完成的一件事。他在自己的自传里回顾了一生的经历，并总结和介绍自己的管理思想和经验。在书的结尾，韦尔奇提出了作为CEO的二十多条经验总结，其中有一条是：成功的人共同拥有的一个品质就是，他们比其他人更富有激情，极大的热情能够遮挡其他的瑕疵，激情不是浮夸张扬，而是某种内心世界的东西。由此可见，热情对人们成功的推动作用是多么巨大。

每个人都希望获得这个世界上最高的奖赏，能真正做到这一点的人，必须像最艰辛的拓荒者一样，把自己的梦想全都转化为创造和进取的热情，竭尽所能地发展和销售自己的才能。

热情可以改变一个人的命运，卡耐基对此深有体会，在他成功之后，他曾经回忆：一个把我推向成功之路的重要因素是我继母的热情。

9岁的时候，戴尔·卡耐基的父亲娶了一位新妻子，这位继母与他们的生活显得有些格格不入。当时，戴尔·卡耐基一家是居住在弗吉尼亚州乡下的贫苦人家，而她则来自较好的家庭。戴尔·卡耐基因此对继母充满了好奇和疑惑。

继母与戴尔·卡耐基第一次见面的时候，他的父亲一边向她介绍自己这个淘气的儿子，一边说："你可一定要注意这个全县最坏的男孩，他可能会在明天早晨以前就拿石头扔你。"

继母认真地看了看戴尔·卡耐基，然后走上前来，托起他的头，对他的父亲说："你错了，这不是全县最坏的男孩，而是最聪明的男孩，只是他还没有找到发泄自己热情的地方。"

继母的这番话给戴尔·卡耐基留下了深刻的印象，使他很快就对她产生了好感。在她来之前，从来没有人称赞过他聪明。他的父亲和邻居们都认定他是一个无可救药的坏男孩，而他就真的表现一些坏行为给他们看。然而，他的继母就只说了一句话，就改变了一切。

继母的到来还改变了许多事情，她鼓励戴尔·卡耐基的父亲去念牙医学校，在她的鼓励之下，戴尔·卡耐基的父亲不但从那所学校毕业，而且还开了一家牙科诊所。她还把戴尔·卡耐基家迁到县府所在地。这样，牙科诊所的生意会更好一些，而戴尔·卡耐基和他的兄弟也能接受到更好的教育。这些建议起初都遭到了戴尔·卡耐基父亲的反对，但最后还是屈服在她的热情下，戴尔·卡耐基一家都享受到了由此带来的生活改变。

当戴尔·卡耐基 14 岁的时候，继母送给他一部二手打字机并且告诉他，她相信他会成为一位作家。这时的戴尔·卡耐基非常欣赏继母的热情。于是，他接受了她的想法，开始向当地的一家报社投稿，由此踏上了成功之路。

正是继母的热情，驱动着戴尔·卡耐基一家不断地向前，不断地改变自己贫穷的命运，最终创造了美好的生活，热情的魅力由此可见一斑。

当然，就"热情"自身来说，还是存在着程度上的差别。几乎每个正常的人都会有热情，然而用于工作、事业上，每个人的热情却又有大小之分和能否持久之分——极大的热情与一般的热情是不同的；终身拼搏与"三分钟热度"也完全不是一回事。要想成就多大的事业，就要点燃多大的热情。

热情的付出与成功的收获之间是成正比的。有志者在追求成功的过程中，总是心怀极大的热情及持久的热情，并在这种热情的鼓舞下付出自己最大的努力。所以，他们能获得成功的青睐。如果我们对自己的事业也倾注极大的热情及持久的热情，等待着我们的也会是成功。

我们应该在内心对生活、对企业、对未来，点燃热情之火，如果能做到这一点，成功与机遇一定会降临到我们身上。

思维方式、能力与热情这三大要素是相辅相成的，在企业经营上，如果我们找到了正确的方向，善于利用正确的思维方式，再投入百分百的热情，积极、永不放弃，并且把管理营销、战略模式、团队合作、资本运营等各种能力不断完善，我们的企业必定会取得成功。

思维模式的正负产值

　　企业家在修炼自我的过程中，首先要做的就是重建自己的思维方式，拥有正面思维，然后才是提升能力、调整心态、激发热情。

　　思维方式可以分为两种类型，一种是利他，一种是利己。所谓利他的思维方式，就是我们常说的正面思维方式；损人利己的思维方式，则是负面思维方式。

　　在我们的奋斗过程中，当我们的思维方式是以善念为导向，向着正面的、积极的、阳光的方向发展的时候，再配上卓越的能力和不懈的努力，我们就能获得巨大的成功。如果我们的思维方式是负面的或恶性的，这时，我们的能力越强，越有热情，就会越快堕入到深渊中。所以，企业家在修炼自我的过程中，首先要做的就是重建自己的思维方式，拥有正面思维，然后才是提升能力、调整心态、激发热情。马云的成功就是一个靠正面思维取胜的经典案例。

　　从创业之初，马云就树立了一个伟大的梦想：让天下没有难做的生意，帮助中国中小企业走向世界。他的出发点是善意的，是利他的，这是一个思维方式的突破。他的思维方式有利于国家民族、推动社会进步，就是正面的思维方式。正因为他做企业起心动念的思维方式是利他的，是符合国家利益、符合客户价值、符合社会价值的，所以，阿里巴巴才能有如此辉煌的今天。

如果你以前做人做事更多的出发点，是为了自己。那么，从今天开始，无论做人做事，可以适当地将出发点转换为别人。利他则久，利他最终才能利己。向着这个方向不断地努力，培养自己的起心动念，为了助人和利他，正心、正念、正行。长此以往，你会发现，这个思维方式、行为习惯将会给你的事业和你的人生带来巨大的改变。

第六章

商业思维重塑

商业逻辑

点线思维的商业时代

时代的车轮滚滚向前，当点线思维的商业时代落下帷幕之时，最好的选择就是跟上时代的潮流，适时转身，唯其如此，才能创造新的辉煌。

商业思维决定商业逻辑，决定企业的运营模式，决定企业的管理方式，决定企业的战略方向。因此，一个企业家的商业思维是非常重要的。他拥有什么样的商业思维，其企业的管理、运营、营销以及商业模式等都要随之发生相应的变化。那么，在互联网时代，总裁的商业思维是如何进化的？经历过哪些阶段？要回答这些问题，我们需要从互联网发展的 3 个阶段开始说起。

众所周知，互联网的发展经历了 3 个阶段，每个阶段的创新都在中国互联网历史上留下了深深的足迹，推动着中国互联网不断地向前发展。

第一个阶段是 Web 1.0 时代。在这个阶段，互联网是信息的提供者，各种传统的互联网网站以"内容为主、服务为辅"为主要形态。而其内容提供方式则主要是信息块，有部分信息流，通过静态网站来实现内容的展示。这个阶段的内容发现机制，是通过搜索引擎做内容聚合实现的。用户通过搜索引擎寻找内容，使得搜索引擎成为事实上的互联网入口，并成为用户与内容的中间商。

第二个阶段是 Web 2.0 时代。互联网是平台，用户提供信息，其他用户通过网络获取信息。Web 2.0 时代开始，"关系为王"逐渐取代了 Web 1.0"内容为王"的特点，更强调内容的生产，内容生产的主体已经由专业网站扩展为个体，从专业组织的制度化的、组织把关式的生产扩展为更多"自媒体"随机的、自我把关式的生产。这时候，内容的生产目的也不再是内容本身，而更多的是用内容延伸自己在网络社会中的关系。

第三个阶段是 Web 3.0 时代。这一阶段是以主动性、数字最大化、多维化为主要特点的，以服务为内容的第三代互联网系统。主动性即强调网站对用户的主动提供并加以分析处理，然后给用户所需要的信息。通过数字最大化可以将商品或者服务以数据的方式进行统计，帮助决策者做出更准确的分析，可解决不同业务场景上在时空方面的矛盾问题。多维化是指更丰富的多元化媒体技术或者播放形式，如在线视频、虚拟现实、网络直播、网络教育等。Web 3.0 时代是多对多交互的，不仅包括人与人，还包括人机交互以及多个终端的交互。由智能手机为代表的移动互联网开端，在真正的互联网时代盛行。网络成为用户需求理解者和提供者，网络对用户了如指掌，知道用户有什么、要什么以及他们的行为习惯，进行资源筛选、智能匹配，直接给用户答案。大互联的形成是将一切进行互联，如语义网、互联网和可穿戴设备。这个时代将实现"每个个体、时刻联网、各取所需、实时互动"的状态，也是一个"以人为本"的互联网思维指引下的新商业文明时代。

Web 1.0 时代是一个群雄并起、逐鹿网络的时代，这个时代的互联网是门户网站的天下，它们都非常简单，只是一个通过网络传播新闻的窗口，或者说是一个企业展示自己的窗口。所以，这一阶段的互联网企业只是一个点，最多是一条线，它们都是非常孤立的，与商业还没有完全结合在一起。因此，从推广层面来说，网络营销只具备对互联网的一个展示的功能。

在点线思维的商业时代，中国的代表企业是联想、海尔、格力。比如海尔曾经是一家专门生产冰箱的家电企业，张瑞敏从德国引进了先进的生产线，并且不断向欧美国家取经，不断进行技术研发，最终拥有了科学的全球研发制造体系、世界第一的原创科技实力，在全球范围内自主创牌，树立了自己的品牌形象，打造了强大影响力，成了一张亮眼的"国家名片"。对海尔来说，冰箱是一个"点"，是一个支点，把冰箱做到世界领先之后，就开始以点带线，把产品杠杆、品牌杠杆彻底放大，进军电视机、洗衣机等家电领域，将产品拓展到全生态，最终成为最有影响力的中国品牌之一，发展成如今全球市场占有率第一的中国家电品牌，达到中国传统企业的一个高峰。

因为一手缔造了海尔的辉煌，张瑞敏也成为全中国优秀企业家的杰出代表。而他所掌握核心的企业经营能力就是管理。在他的主导下，海尔向西方学习科学管理，然后对其管理系统进行复制，进行本土化。科学管理加上现代化品牌运营的理念，造就了海尔的高市值。

十几年过去了，到了互联网时代，我们发现：虽然海尔的市值高，与阿里巴巴、腾讯这样的互联网企业比起来却是小巫见大巫了。这充分说明，点线思维的商业时代已经彻底结束了。

当然，还有一些因点线思维而发家的传统企业仍然在各个领域活跃着，比如做电饭煲的美的、生产空调的格力。它们始终专注于一个行业，在自己的产品领域里打磨出自己的核心竞争力，打造出了独特的技术门槛，并在细分领域研发出最具竞争性的产品，依然能保持辉煌。不过，虽然这些企业代表着细分领域中企业的最高水平，却不能成为这个时代企业的最高水平。

时代的车轮滚滚向前，当点线思维的商业时代落下帷幕时，最好的选择就是跟上时代的潮流，适时转身，唯其如此，才能创造新的辉煌。

线面思维的商业时代

平台企业不生产、不制造，也不加工，只靠一个平台就可以经营很多产品，把点线动成面，就能使企业焕发出勃勃生机，创造出巨大的商业价值。

当互联网进入 Web 2.0 时代，我们看到，在中国的互联网上出现了各大平台，比如以腾讯为首的社交与即时通信平台，以阿里巴巴为首的电子商务平台，各行各业的互联网平台也开始形成。点线思维的商业时代由此终结，线面思维的商业时代拉开了帷幕。在这一阶段，企业的发展已经不再是靠一个点、一个产品来支撑了，而是开始构建平台。在平台上销售的也不再是一种产品，而是五花八门、各种各样的产品。比如淘宝网，它本身就是一个万花筒，就是一个独立的商业世界。

在这里，我们需要先来了解一个概念：什么是平台？用竞争战略之父，哈佛大学商学研究院著名教授迈克尔·波特的价值链理论来解析，可以认为：所谓的平台，就是把多种业务价值链所共有的部分进行优化整合，从而成为这些业务必不可少或最佳选择的一部分，这种由价值链的部分环节构成的价值体就构成一个平台。

通常来说，平台具备以下特点。

一是在多种业务价值链上拥有共性部分。很多业务在价值链上具有相同的环节，比如日用消费品要通过终端才能接近消费者，终端就是这些业务价值链的共性部分，这些共性的部分将会产生一个独立的群体，等待不同平台上的合作机会。

二是可以从具体业务的价值链上剥离出来。可以看到的事实是，纵向一体化的公司正日益转向合作与外包。战线太长会导致企业资金回流产生障碍，也会耗费高昂的人力成本、财力成本和管理成本。只从事一种业务的某一或某些环节的公司越来越多，未来的市场，不是我外包别人，就是被别人外包。企业更加倾向于专注和聚焦，专业的人做专业的工作，缩短战线，如果需要合作，我们来构建合作共赢的平台。

三是在剥离之后具有更高的效率或更好的价值表现。这可以通过规模效应、协同效应等一些产业经济分析的模型来判断。比如，专业的家电超市比厂家自建终端更有优势的一个重要因素就是专业的家电超市可以经营多个品牌的产品，消费者在专业卖场内可以进行比较、挑选，而厂家自建终端则不可能做到这一点。在消费者对厂商品牌的信任度还没有足够到直接购买的时候，比价就是一个重要的购买因素。当然，专业卖场还有其他的优势。

我们之前所列举的平台之所以能得到快速发展，是因为他们整合了很多商业资源，完成了对客户的嫁接，于是客户越来越多，供应商也越来越多。正因为如此，在2005年之后，中国电子商务开始获得巨大的发展，互联网开始平台化，开始与各行各业进行结合。

随着线面思维的盛行，中国又出现了一批优秀卓越的企业。比如

搞游戏平台的盛大网络开始兴盛起来，卖家电的平台国美电器、苏宁电器也成了一时无两的企业。这些平台企业不生产、不制造，也不加工，只靠一个平台就可以经营很多产品，把点线动成面，就能使企业焕发勃勃生机，创造出巨大的商业价值。

系统思维的商业时代

今天我们做任何企业，都不能用点线的爆品思维，也不能用线面的平台思维，而要用系统的生态思维。因为只有系统的生态思维，才能构筑企业的强大竞争优势和多重防火墙，让企业在多层次发展的任何阶段都立于不败之地。

互联网进入 Web 3.0 时代后，企业发展也随之进入了系统思维的时代。系统不是一个平台，而是多个平台的组合，最为典型的就是今天的阿里系、腾讯系。

很多人都知道阿里巴巴很厉害，却不知道它有多厉害。我们来看看阿里巴巴旗下有哪些公司，或许会让你大吃一惊。

蚂蚁金服是一家阿里系公司，这家公司如今的市值达到了 600 亿美元以上，而这还不是蚂蚁金服发展的终点。

新浪网和新浪微博，很多人或许不知道它们也是阿里巴巴旗下的，如今的阿里巴巴持有新浪微博、新浪网 30% 的股份。

苏宁云商创立的时间是 1990 年 12 月 26 日，比马云的阿里巴巴创立的时间还要早。刚开始的时候，苏宁云商与阿里巴巴确实没有什么关系。然而，2015 年 8 月 10 日，阿里巴巴对苏宁云商投资了 283 亿元，苏宁也成为阿里系公司的一员。

菜鸟网络是由阿里巴巴、银泰集团以及众多公司一同成立的，从成立之初就是阿里系成员。

陌陌是一款交际聊天软件，也属于阿里系成员。2016年2月22日，阿里巴巴的高管蔡崇信成了陌陌的董事长。

阿里系的成员用"多如牛毛"来形容并不夸张，除了以上这些公司之外，还有很多公司都属于阿里系，涉及的行业也非常广泛，比如市值超30亿美元的阿里影业就属于阿里系，市值超42亿美元的恒生电子也属于阿里系。

众所周知，腾讯和阿里巴巴的竞争一直非常激烈。阿里巴巴不断招兵买马、排兵布阵，腾讯也不落后。据不完全统计，2017年，腾讯共完成113笔投资，平均每月买10家公司。从京东、滴滴、58同城、摩拜单车等多家独角兽企业，再到阅文集团、搜狗、众安在线等多家上市公司，"腾讯帝国"的无形大网已经连接了成千上万的企业。

通过不断地兼并、收购与扩张，阿里巴巴和腾讯已经从一个平台变成多个子平台，还参股许多平台，两家企业巨头分别形成了两大商业系统，开始进行多个平台的竞争。现在，它们之间的竞争更是进入了白热化状态。腾讯有微信，阿里巴巴就推出了来往；阿里巴巴有淘宝，腾讯就收购了京东；阿里巴巴有饿了么，腾讯就把美团招致麾下。这两家企业由点对点的竞争变成面对面的竞争，然后又变成了多点、多面、多平台、多系统的竞争，成了生态战。

很多明智的企业家都已经认识到了系统作战的重要性，比如小米创始人雷军多年以来也在紧锣密鼓地布局其商业蓝图。很多人提到小米，都会说这是一家卖智能手机的公司，但盘点小米旗下商业版图，你会发现除了手机外，小米的商业触角渗透到了生活的各方各面，空调、净水器、扫地机器人、电饭煲、平衡车、平板电脑、电视、路由器、耳机、手环，甚至充电宝、插座、床头灯、毛巾、牙刷、签字笔……如今的小米已经不再只是一家智能手机生产厂商了，它的商业版图不断扩大，已经逐渐发展成为一家兼具智能硬件、软件、互联网服务及新零售的庞大生态型公司。

小米与其生态链公司间形成一种"竹林效应"：小米生态链公司如同一片竹林，初期公司从小米与生态链组织"根系"吸收养分快速长大，自力更生后又能为根系和其他企业供给养分。这样一来，生态链企业形成了一种共生互助的关系，业务之间有较强的协同。如紫米科技通过打造移动电源，成为电池领域的领导者，而这些经验帮助小米生态链其他企业完善电源技术或提供电池产品。

小米不仅自己成长为"独角兽"企业，其生态链模式也已经成功培育出四家估值超过 10 亿美元的"独角兽"——紫米、华米、智米、纳恩博。其中，紫米科技于 2013 年年底推出了第一款小米移动电源，2 个月后问鼎全球第一，2015 年移动电源销售 2000 万只；华米科技已是全球第一大可穿戴厂商；智米科技的空气净化器在 2016 年销量超过 200 万台，2017 年超 300 万台，位于行业前三；纳恩博生产的平衡车已成为市场领导品牌，并收购了全球自平衡车开创者 Segway。2017 年，小米生态链的收入达到了 234.47 亿元，在整个集团的收入占比提升到 20.5%，成了一股不可忽视的力量。2016 年 8 月，动力未来在新三板挂牌上市。2018 年 2 月 8 日，华米科技在美国上市。

可见，未来企业之间的竞争，已经是系统与系统之间的竞争，是生态链与生态链之间的竞争，是集团作战。所以，今天我们做任何企业，都不能用点线的爆品思维，也不能用线面的平台思维，而要用系统的生态思维。因为只有系统的生态思维，才能构筑企业的强大竞争优势和多重防火墙，让企业在多层次发展的任何阶段都立于不败之地。

从另一个角度来看，我们会发现，今天企业家要想再构建一个系统已经非常难了，如今的创业门槛也越来越高，因为你所面临的竞争对手，已经不是一家公司，不是一个产品，而是强大的像阿里巴巴、腾讯、小米这样的"海陆空三军"，要想打赢他们，谈何容易？所以，随着互联网对传统行业升级转型的完成，中国将会进入一个"三高社会"——高资金、高技术、高门槛。单打独斗的时代已经结束，如今进入了借力合力、分享共赢的时代。如果企业家仍然以自我、个人能力为中心，独立攒钱、独立打团队、独立创业，将99.99%走向死亡。未来能成功的企业家，是懂得分享、懂得合作、懂得借力、懂得共赢，有大局观、有良好思维、有系统化协作精神的人。只有这样的人，才会赢得生存的空间。未来能获得长远发展的企业，是那些能在某一个细分领域找到自己的定位，然后把自己镶嵌到某一个系统中，并且和产业链的上下游实现协同共赢的企业。

第七章

生成你的思维导图

18 种思维模式

通过改变自己的思维方式，就能升级人生的所有行为模式，从而奠定事业成功的基础。所以，在生成思维方式的过程中，我们首先要做的是解读人的思维方式，解开思维方式的密码。

不同的人有不同的想法，不同的想法有不同的干法。为什么像马云、乔布斯这些伟大的企业家会产生那么多超越常人的想法和创意，打造出如此伟大的企业？我们的思维方式与这些卓越企业家的思维方式有什么不同？我们如何才能使自己自己的思维方式进化成他们的思维方式呢？

如果我们能快速吸收马云、乔布斯、稻盛和夫、李嘉诚以及世界上其他伟大企业家的思维方式，那就意味着我们也能快速成才。通过改变自己的思维方式，就能升级人生的所有行为模式，从而奠定事业成功的基础。所以，在生成思维方式的过程中，首先是解读人的思维方式，解开思维方式的密码。接下来，我们一起来了解 18 种思维方式。

创新思维 PK 经验思维

在经营企业的过程中，很多人会总结经验，等以后再遇到类似的情况时，就可以借鉴这种经验，让它为己所用。的确，很多时候，经验可以帮助我们，但如果我们固守经验，一直依照习惯去行事，不懂得变通，就会被经验和习惯所束缚，甚至陷害。

在非洲广袤无边的撒哈拉大沙漠，骆驼是人们赖以生存的交通工具，人们不但用它来驮水、驮粮，而且还需要用它来运送货物。因此，沙漠里的每户人家都饲养着一峰甚至十几峰骆驼。

驯服骆驼并不是一件简单的事情，因为骆驼的脾气非常暴躁，一旦发起性子，十多个人也拉不住。所以，驯服骆驼是撒哈拉养骆驼人家最普遍的技能。

骆驼刚出生的时候，养骆驼的人就会在地上深深锲下一根木桩，用来拴骆驼。这小小的木桩，看起来如此微不足道，骆驼当然不甘心被束缚。刚开始的时候，骆驼几乎每天都在与那根木桩做斗争：它用尽全身的力气拽着绳子，左突右跳，想把那根小木桩从地下彻底拔出来。然而，通常骆驼的努力是白费的，因为那根木桩虽然看上去又矮又小，实际上却往地底下锲得很深，而且还被驯驼人绑上了沉重的石块，就是十几峰成年骆驼一起用力，恐怕那根木桩也会纹丝不动。

几天后，精疲力竭的骆驼终于屈服了，从此之后，它就有了对木桩的敬畏之心。这时，主人就会坐在木桩上，用手悠闲地拉着拴骆驼的绳子，不停地抖动。

骆驼怎么会甘心任人摆布呢？于是，红着眼睛又发起脾气来，它本能地以为：自己一定会比这个矮自己许多的人力量大。它又拼命地拽，拼命地挣扎。然而，就算它把驼蹄都折腾出血来，也没办法摆脱那个紧拉缰绳的人。

最后，骆驼渐渐地臣服了。

第二天，牵骆驼缰绳的不再是成年人，而是换成了一个与骆驼相比更加矮小的孩子。骆驼的野性再次燃烧起来，又开始新一轮的挣扎。不过，它的挣扎仍然是徒劳无力的。

骆驼终于彻底被驯服了。

从此之后，只要主人拿着一根用来拴骆驼的小木棍，随便往地上一插，骆驼就会习惯性地围绕着那根小棍转来转去，再也不会挣扎了。

随着骆驼一天天长大，它已经彻底习惯了被小棍牵着的生活。

有的时候，骆驼的这种习惯会给它们带来厄运。

在沙漠里，经常会碰到难以预料的沙暴，主人为了防止自己的骆驼走失，就会迅速在地上插上一根木棍，把一头甚至几头骆驼一起拴到这根小棍上。这样一来，悲剧就发生了，当骆驼队的主人被巨大的沙暴裹走后，那些身体巨大的骆驼还牢牢地卧在小棍的周围。因为主人不会再来为它们拔掉小木棍，骆驼们就只能寸步不离地守在那里，一天，两天……最后，都活活地饿死了。与其说它们是因缺少食物饿死的，不如说是因自己的经验饿死的。

人都是凭借经验对事物进行判断，我们所拥有的经验通常都来自我们的经历或者是来自别人的经历，这些经验固然是值得借鉴的，但有的时候，随着时间的推移、环境的变化或者事物的改变，有些经验就会失去原有的价值，失去参考意义。然而，在现实生活中，人们往往过于相信自己的经验和感觉，以为"既然是经验，就一定是正确的"，无论何时都固守这种一成不变的思维，最终犯下难以弥补的错误。

其实，只靠经验生活，很容易被这种传统束缚住。不仅如此，你的视野也将永远被束缚在以往的层次，很难得到提升。如果想要取得突破，你就必须敢于做出新的尝试。

在经验的束缚下不敢创新的人，我们可以称他们为"经验的奴隶"或者"经验的崇拜者"，因为他们把经验奉为一切，不愿意做出改变，总是在说："这不会做，那不可能。"殊不知，世界上哪一件新事物不归功于古往今来的先例破坏者呢？

我们应该抛弃传统的经验思维，面对经验，我们不能从感性上判断，只能从理性上分析。我们可以借鉴合理的经验，但必须坚决摒弃错误的经验！最重要的是，凭借以往正确的经验，我们可以应付现有局面，这种应付只是保持一个平衡。要想提升，即使是正确的经验都必须有勇气质疑和挑战！只有随时调整自己的思维方式，灵活应变，自己才能不被经验左右，最终获得成功。

经验有什么用？经验就是用来突破的！它就是一块垫脚石，如果你把它当成一个永远的舞台，那就大错特错了！只有我们学会超出经验之外，借鉴经验并能勇于打破习惯，我们才能真正让经验为我们所用。

不同的思维方式会产生不同的结果，经验思维会使人们走向思维固化，而与之相对应的创新精神却能引导我们走向辉煌。

美国《财富》杂志曾经进行过调查，世界 500 强企业的平均寿命是 40~50 年，极少有企业能生存超过 75 年。美国每年新生 50 万家企业，10 年后，只有 4％的企业仍然存活。日本存活 10 年的企业比例也不超过 18.3％。而在中国，大企业的平均寿命只有 7~8 年，中小民营企业的平均寿命连 3 年都不到。这是一个非常残酷的现实，没有哪个企业家愿意自己的企业如同过眼云烟。怎么才能延长企业的生命周期？首先要把握住的一点就是创新。纵观很多百年企业的发展历程，我们会发现，这些企业的成长都是不断自我否定，不断突破与变革，不断迭代、叠加与重新组合的结果。

创新是企业家最宝贵的基因，企业对创新的投入，堪称"普罗米修斯投资"。普罗米修斯历尽艰辛为人类拿来了火种，世界才有了光明。同样，有了持续不断的创新，企业才会释放出巨大的生产力，拥有向前发展的原动力。

正如企业家并非生来就是企业家，创新精神也不是与生俱来的。创新精神要在企业经营的过程中不断锤炼和提升。乔布斯曾说：活着就是为了改变世界，这不是一时冲动的狂言。企业家应该把创新当成心中的信仰，当成抵达成功彼岸的渡船。在创新精神的引领下，不断加大创新投入，并将创新成果转化为企业成长的引擎，为企业创造财富，为社会创造价值。

百度的创始人李彦宏就是创新的典范。李彦宏用一句类似当年美国独立先锋们的名言"不创新，毋宁死"强调自己对创新的重视。百度的工程师们流行着另一句话"因为创新，所以百度"。百度的每一次飞跃，无不伴随着创新的推动。

1999 年，百度依靠李彦宏"超链接分析"的先进专利为百度奠基。2001 年，百度依靠全新CDN技术实现了搜索大提速，而竞价排名模式的建立更是寻找到了稳定的利润增长点。2003 年，"百度贴吧"实现与"超级女声"的共同火爆。2005 年的"百度知道"

和2006年的"百度百科"让搜索社区大放异彩。而最新的"凤巢系统""阿拉丁计划"以及"框计算"的问世，让百度在技术上再次巩固了自己的领先地位。创新是百度的生命，这句话恰如其分。

李彦宏特别推崇美国硅谷的创新精神。这种创新不仅仅是公司主要负责人的创新，更应该是一种自下而上的创新，是一种能调动所有人力量的民主创新，百度也是民主创新的坚定拥护者。李彦宏曾在回答记者提问的时候说：有一些百度的产品创新是自上而下压下去的，大概有20%。也就是说，百度80%的创新是自下而上的，相对于其他优势，这个数字更令人激动，因为只有这样才能形成集团的创新优势。

李彦宏还曾经说过：百度整个公司的文化是一种创新文化，百度鼓励大家独立思考、坚持自己的观点、认真琢磨一些事情。外界很多人认为百度是我做起来的，可对于很多百度的员工来说，他们都觉得百度是他们共同创造的。因为在这个过程中，他们充分发挥了独立思考的能力，研究这个市场，研究用户需求。所以，百度真正做出来的东西成功率非常高。"贴吧"是百度首创的，一天数百万的发帖量说明它真的影响了很多人的生活。所以，这是一个有意义的创新。

不过，李彦宏的创新并不盲目，他反对无头苍蝇一般的创新模式。某些公司做的很多产品，刚推出来的时候声音很大，却很少有人用，就说明推出新产品并不等同于创新。

在李彦宏看来，技术只有满足需求才有价值，"在百度，我们不断鼓励研究用户需要、揣摩市场方向的创新，这是百度一直严格遵循的一个创新原则，也是百度很多搜索产品和服务能在推出半年、一年的时间内，就进入产业前两名，甚至第一名的原因。"这一点根据框计算的研发过程就可以一目了然，李彦宏之所以要研发这样一个能听懂人话的框，就是在无数个类似的搜索请求背后，他洞察到了客户内心的真实需要。

说到创新，百度推出的"阿拉丁计划"也是一个有力的例证，这是一个通用开放的平台，是新一代搜索引擎的代表。

取名"阿拉丁"，寓含着百度可以像神灯那样帮助用户实现最便捷地获取信息的愿望。"阿拉丁计划"旨在超越现有Web内容的限制，对包括众多未纳入搜索引擎检索体系的"暗网"在内的所有信息进行更深一步的分析、融合、处理，以使这些信息最富有效率地被用户通过搜索引擎进行检索。

目前的搜索技术已经非常强大了，但能被搜索引擎检索到的信息其实只占所有信息中非常小的一部分，大部分信息存在于Hidden Web，即"暗网"之中。而"暗网"之所以存在，一方面是很多信息没有Web化；另一方面，即使一些信息Web化了，也没有纳入搜索引擎的检索体系，比如传统的搜索就很难检测到flash动画中的内容。百度开始着手启动"阿拉丁平台"研发计划，就是期望能挖掘出更多存在于"暗网"中的有价值信息，从而逐步实现"只在一个最为简单的搜索框里面，蕴藏了全人类最为丰富多彩的信息世界"！

其实，在百度的文化、百度人的血脉中，创新已经深深地融入其中了。百度这么多年的发展，其实是在世界上最抢手的搜索引擎的领域，依靠自己开发的核心技术，一步一步从零开始，勇于创新、善于创新，才走到了今天——全球最大的中文搜索引擎。

著名经济学家熊彼特曾经给企业家精神下了一个定义，即做别人没做过的事或是以别人没用过的方式做事。企业家有了创新思维，才能为企业持续注入新鲜的活力，才能带领企业在突破中前行。唯有不断创新，企业才能活得好、活得长，才能紧随时代的节奏乃至成为引领者。

一个真正的企业家，一定要完成从经验思维到创新精神的蜕变，并且用这种思维方式带领企业勇往直前、迈向未来，直到登上世界的巅峰。

求异思维 PK 求同思维

众所周知，乔布斯创建的苹果公司是靠一款名为 iPhone 的手机获得丰厚利润的。凭借这款手机，苹果公司一度成了科技历史上市值最高的公司。iPhone 为什么能卖得这么火爆？因为 iPhone 是一款前所未有的手机，是一种颠覆式创新的产品。

在 iPhone 诞生之前，我们用的手机主要功能是打电话，但 iPhone 却是与众不同的智能手机，它不再是一个用来打电话的沟通工具，而变成了一个智能生活平台。不仅如此，iPhone 第一个取消键盘式按键，第一个使用触控屏，第一个开发多屏互动，第一个在手机上采用定位功能，第一个推出独一无二的 IOS 系统，第一个开发出智能语音 Siri，第一个开发出 APP 应用及应用商城，第一个开发触控游戏及体感游戏……正因如此，这款手机刚一问世，就惊艳世界、狂销全球。

乔布斯的伟大在于其求异思维，正如他的人生梦想就是"改变这个世界"。求异思维是对司空见惯的、似乎已成定论的事物或观点，从一种不同的角度进行思考的思维方式。"司马光砸缸救人"的故事，我们都耳熟能详。当看到有人落水的时候，人们的思维通常是"救人离水"。但司马光却与众不同，他运用求异思维，先砸缸"让水离人"，最终救了小伙伴的性命。

在对求异思维的应用上，谷歌在人员招聘方面曾经做出了这样的规定：宁愿花两倍的钱雇佣行业内最顶尖的人才，也不愿在三流的人才上浪费时间。因为，相比三流人才，一流人才的目光更远大，更能真正地跳出资源的局限。

蒙牛的领导者牛根生也很善于利用求异思维。牛根生有句名言：不问我的一双手能干多少事，唯问移泰山需要多少双手；不问我的一口锅能煮多少斤米，唯问犒劳千军需要多少锅；不问我的一盏灯能照多少里路，唯问亮天下需要多少盏灯。

2001 年，在全公司营收仅有 3 亿元的情况下，牛根生提出 5 年后要创造 100 亿元的营业额。对当时的蒙牛来说，100 亿元实在是一个天文数字。但是，在牛根生倡导求异思维的指引下，蒙牛用短短 5 年的时间就实现了当初定下的"狂妄"目标，一跃成为行业中的佼佼者。

面对问题的时候，拥有求异思维的人，首先会想到的是：我要干什么。不是我有什么，所以要干什么。你有什么资源、能力其实并不重要，重要的是你要达到什么样的目标，能想到什么办法，创造什么样的奇迹。

与求异思维相对应的是求同思维。从本质上来说，这种思维就是跟风、模仿，就是Copy领先者。

固化思维PK发散思维

思维方式的第三种形态是固化思维和发散思维。观察身边的人，我们会发现，很多人的思维是一成不变、完全固化的。

有这样一个故事，在美国的一个偏远的山间小镇上，有一对年轻的夫妇，妻子难产去世，留下一个孩子。男人一边照看孩子一边忙于生计，实在是焦头烂额。因为没人帮忙照看孩子，只好训练了一只狗。这只狗不但聪明，而且还十分通人性，特别听话，可以咬着奶瓶喂奶给孩子喝。这样一来，男人就能在短时间内，放心地去做其他事情了。

有一天，男人有急事出门，把孩子和狗都留在家。本想早些回来，却忽遇大雪无法行走，只好等到第二天早上心急如焚地赶回家。远远地就见狗出来迎接主人，当他推开门后，只见满地是血，床上的孩子不见了，顿时惊恐。他看着倚在身边的狗满嘴血迹，勃然大怒，他想：一定是它饿了，导致狗性发作，把孩子吃掉了。

盛怒之下，男人抄起刀，向着狗头劈去，狗应声倒地而亡。可是，他突然听到了声音，只见孩子从床下爬了出来，这突如其来的状况，惊得他快速抱起孩子，上下查看。虽然孩子满身是血，但并未发现有伤。他很疑惑，究竟发生了什么？再回头看倒地的狗，腿上的一大块肉没有了，他将目光快速环视四周，竟然发现门后有一只死狼，嘴里还咬着一块肉。真相大白。

男人痛哭起来，恨自己的莽撞，哪里是狗吃了孩子，而是狼要吃孩子，狗拼死救下。自己却没有多想一想，分析一下再做决定，结果酿成了无法挽回的惨剧，让他追悔莫及。

固化思维害了这个男人，他只凭床上不见了孩子和狗嘴里的血，就简单推理是狗吃了孩子，习惯性地证明自己的推理正确，可事实却截然相反。也可以说，这种固化的思维模式等同于粗鲁或愚笨。如果男人不被原有的经验和思维模式麻痹，多思考沉淀一下，将思维扩散，就会发现一些细节，也就避免了错误决断所带来的苦果。

这个世界是变化的。我们看待一些事情，如果总是习惯性地使用思维固化的模式，就会导致很多错误的判断，为此付出很多代价。所以，我们要努力将自己的固化思维转变为发散思维。马云、雷军这样的企业家都是因为具有发散思维，才能抓住互联网时代的机遇，创业取得成功。

固化思维是干一行爱一行、干一行专一行，一辈子干好一件事，这在传统时代是一种正确的思维方式，但在如今这个快速变化的时代，如果你依然秉持着这种思维方式，无论你身处哪个行业，你大都会一事无成。互联网时代的变化实在是太快了，产品周期、行业周期都被大大缩短，一个公司从注册到消亡可能只有 18 个月。有时候，思维方式的变化根本跟不上时代周期的变化。所以，我们必须淘汰固化思维，努力跟上时代的步伐。

求是思维PK变通思维

中国历史上大大小小的战争有一个规律，赢家多是以"智"取胜。所谓智，不过是狡猾，是兵不厌诈。两军对垒，你死我活，没有任何规则可言。

历史的经验一般是：常常讲规则的要失败，不讲规则者却取得成功。中国人喜欢以成败论英雄，在这种文化导向下，人们从内心就没有对规则的尊重，从小就盘算着如何游离规则之外取得实惠。

三国时期，曹操领兵征伐张绣，当时正是麦子成熟的季节，曹操立下军规，任何人不得践踏麦田，违者杀头。谁知，偏偏曹操自己所乘坐的马，因受惊奔入麦田，踏坏了一些麦子。这使曹操很为难。为严肃军纪，曹操故意做出自刎的姿态，被众将拦住。

谋士郭嘉说："《春秋》上有'法不加于尊'之意，丞相哪能自戕？"曹操沉思一下说："既然《春秋》有这个意思，我先暂时免死。"但为了严肃军纪，曹操以剑割下自己的头发，掷于地，声称"割发权代首"。这种"以发代首"的变通方式，可以说是古代刑罚变通的一个杰作。既维护了军令，又保住了自己的头颅，足以说明曹操的绝顶聪明。后来，有些人对曹操这个做法赞赏不已，认为古人十分看重头发，把它视为与头颅同等的地位，剃掉头发的髡刑也是一种刑罚。髡刑虽然并不能给受刑者造成什么肉体上的痛苦，但把人的头发剃掉，却可以给受刑者的精神造成极大痛苦，这是一种精神的侮辱。所以，作为一位丞相，能够以发代首已经是很不容易的事了。这就是变通思维。

很多人认为，规则是死的，而人是活的，活人为什么要被死规则限制死？如果有人坚持一丝不苟地按照规章办事，不懂得变通，很可能被他人嘲笑太死板、太迂腐。

善于变通不是坏事。问题是许多人的大多数变通，不是为了进步，也不是为了创新制度，而是通过改变社会已经实施的规则，为自己所用，实现自我利益。私利成为变通的唯一目的。变通的结果是用私人规则取代公认规则。于是，一些变通规则的受益者千方百计钻规则的漏洞或想方设法绕开规则。变通不仅破坏了权利、机会平等的基础，更为不幸的是破坏了人们对秩序的尊重、对他人的尊重、对价值的尊重，伤害了人们之间最为纯真的善良本质。对恪守规则、信守道德的人来说，变通规则不仅仅是对他们的一种伤害，而且也是一种诱惑。致使其中一部分人也加入进来，把这种陋习奉为约定俗成的通行证，同恶相济。

我们需要呼唤求是思维。无论是科技的创新、企业的发展，还是企业核心竞争力的打造，都是要靠实力说话的，这就要求我们要有实事求是的精神，要有专注务实的态度。只有这样，才能真正研发出核心技术，掌握话语权，为企业打造出硬实力。

保守思维PK开创思维

开创思维，就是要开创未来、创造世界。

现在的城市建筑，无论走到哪个省市，几乎都是一模一样的。这体现的就是一种保守的、复制化的思维。

一个是开创思维，一个是保守思维，两种思维方式决定了两种不同的企业类型。保守思维造就的是传统企业。开创思维造就的是创新企业，企业拥有很强的核心竞争力，企业发展蒸蒸日上。

保守思维对人们的影响是非常负面的。大多数人在创业的时候，都有一个共同的思维特点：我一定要做有把握的事，要做让我有安全感的事，要做我认为能做成的事。这种思维方式，让我们不敢尝试新事物，永远与时代脱节，永远不能抓住全新的机遇。

创业，一定要改变保守的思维，学习开创思维，拥抱变化、适应变化、不怕试错。只有这样，企业才能获得日新月异的发展，企业的发展才能获得源源不断、澎湃的发展动力。

被动思维PK主动思维

我们经常听到"红颜薄命"这句话，很多人会有这样的困惑：为什么一个长得非常漂亮的女人会薄命呢？难道一个人长得丑，生活就会更好吗？在现实生活中，从古到今的很多事例似乎真的验证这句话是正确的。长得漂亮的女人，似乎获得幸福的概率要更小一些。仔细观察一下我们身边的朋友和家人，你会发现，那些日子过得好的、生活比较幸福的女人，不一定长得多么漂亮，反而在长相上大多比较普通。而那些倾国倾城的绝色美女，大部分经历都很坎坷，不是婚姻不幸，就是生活遭遇很多磨难。为什么会出现这种情况呢？这就要从改变思维方式说起。

首先了解两种思维方式，一种叫被动思维，一种叫主动思维。漂亮的女人是很少的，可谓百里挑一。漂亮的女人追求者众多，她们往往会从这些追求者里挑那些年轻帅气又多金的男人。但是，这样的男人不一定可靠、人品好，有些人甚至有了钱就变坏。漂亮的女人和这样的人结合在一起，自然容易遭受到感情创伤。当然，也有人品好、顾家又负责任的有钱男人，但这样的好男人可谓凤毛麟角，10万个人中能有一个就很好了。那么，一个百里挑一的女人如何从10万个人中挑出一个好男人？这就注定了90%以上的漂亮女人是找不到幸福的。而且，很多漂亮女人的思维方式都是错误的，她在寻找爱情的时候是非常被动的，她们几乎从来不会追求男人，觉得这样没面子，而更喜欢被男人追求。我们知道，找工作还要找好几个月，需要费尽心思，还不一定能找到。但是，决定一生的婚姻大事，这些漂亮女人却不想花时间、不想费精力，怎么可能得到圆满的结果？这样被动的思维方式，只会导致她们错过十万里挑一的好男人，最终围在她们身边的是一群苍蝇，无论怎么选都是错的。

有些美女，被一个"苍蝇"叮过后，感情受到创伤，再被两个"苍蝇"叮过后，就再也不相信感情了，甚至钻了牛角尖，郁郁而终。

还有一种现象，在被追求的过程中，漂亮女人不用付出，几乎被男人捧在天上。但青春是有限的，而且不保值。到了三四十岁之后，这个女人不漂亮了，对方的条件也发生了变化，这两个变化就形成一种强烈的反差。这时，女人就会发现，自己的境遇发生了很大的改变，可靠的男人又投向下一个目标了。她们难免会郁郁寡欢，最终"红颜薄命"这句成语就成了现实。这就是被动思维的结果。怎么才能改变这种人生结局呢？其实，只要化被动思维为主动思维就可以了。

我们应该学着主动思考、主动选择，把人生的大部分精力花在最有效、最有价值的事情上。同样，企业的变革也是一样。用被动思维经营企业，会导致企业一败涂地；而用主动思维经营企业，企业将迎来全新的发展。这才是正确的思维方式。

主动迎接挑战，直接面对问题、解决问题，才是最高效的方式，也是企业走向成功最快的方式。

局限思维PK多维思维

有两句诗叫"横看成岭侧成峰，远近高低各不同"，这实际上说的是多维思维；而井底之蛙、坐井观天这两个成语说的是局限思维。这两种思维形成了鲜明的对比。

生活中，我们会看到很多人在看问题的时候都是站在自己的角度：他戴着有色眼镜，就说世界是黑色的；他是自私的，就说别人都是自私的；他不善良，就说别人很邪恶……这些人全都把自己限制在局限思维里，用自己的眼光来审视别人的存在，用自己的高度来评价别人，这样的思维方式是极其狭隘的。

正所谓"一叶障目，不见泰山"，一旦企业家受制于这样的思维方式，就很难看出企业外在的经营环境的变化，更不可能预知企业的未来，也不可能在竞争中获得胜利。所以，在企业发展的过程中，我们需要从多维的角度和行业的视角来看自己的企业。就像马云所说：如果你的眼光只看到一个县，你就只能做一个县的生意。如果你的眼光看到一个省，你就能做一个省的生意。如果你的眼光看的是全球，你就能做全球的生意。

站在多角度的视角，才能建立最全面的认知，找到最快速的捷径，做出最正确的决策。所有企业家的升级，要由点变面；由面变体；由单点变系统；由局部变多维，形成360°的思维模型。这是我们所有传统企业经营者思维方式面临的重大考验。不要用一只眼睛看世界，这个世界从来不缺少美，只是缺少发现美的眼睛。

消极思维PK乐观思维

心理学家、哲学家威廉·詹姆斯曾经向人们提出了一个忠告，"要快乐地接受必然发生的任何情况，接受随之而来的一切事实，这是克服不幸的第一步"。

在面对不幸的时候，我们永远都有两个选择：要么选择积极乐观，要么选择消极悲观。不同的选择、不同的思维方式，不仅体现出不同的心态和价值观，也有可能会导致人们走出截然不同的两种命运。

当你听到跌宕起伏、大气磅礴而又深沉的《命运交响曲》的时候，一定会被那优美而又动人的旋律感动，它的作者是享誉世界的作曲家、钢琴家贝多芬。其实，《命运交响曲》正是贝多芬坎坷一生的真实写照。

贝多芬出生在一个不幸的家庭，他的父亲是一个嗜酒如命的酒鬼。为了让贝多芬成为自己的"摇钱树"，父亲每天都强迫贝多芬没完没了地练习钢琴。贝多芬没有休息和娱乐的时间，稍有懈怠，就会得到父亲的一通暴打。所幸，贝多芬有一个慈祥又疼爱他的母亲，只有从母亲那里，他才能得到一丝家庭的温暖。可悲的是，在他17岁的时候，母亲身患重病，离开了这个世界。贝多芬悲痛欲绝，伤心过度的他还得了几场大病，其中一次是天花，天花在他的脸上留下了永远的痕迹，他的容貌被毁掉了。

更大的痛苦随之而来。从1796年开始，贝多芬发现自己的听力不断衰退。他的耳朵日夜作响，肠胃也经常会剧烈地疼痛，性格倔强的他一直忍着病痛。后来，经过诊断，他才知道自己得了耳咽管炎。

耳朵失聪，对于一般人来说，是一部分世界的死亡。但是，贝多芬是一个音乐家，对于他来说，耳聋就相当于整个世界的死亡，无异于直接宣布了他音乐生命的终结。

1802年，当贝多芬在避暑胜地海里根休养的时候，因为无法忍受病痛的折磨产生了自杀的念头。但是，他最终还是打消了自己这个疯狂的想法，他不想做一个向命运屈服的懦夫。他说：我要扼住命运的咽喉，绝不让它征服我。他决定重新建造自己的音乐王国。耳朵听不见了，他就用一根小木棍抵在钢琴上，通过振动来判断音律。

耳聋后，贝多芬用自己孱弱又无比坚强的身体，创作出了7部经典的交响乐。被称为"人类音乐瑰宝"的第三交响曲、第五交响曲、第六交响曲和第九交响曲就是这一阶段的作品。正是这些响彻整个世界的旋律，把贝多芬推向人生的音乐巅峰。

拥有积极思维的贝多芬把不幸转化成自身发展的动力，身残而志不残，为人们树立了榜样。有时，我们也会遇到苦难，遇到失败，遇到不幸，请你想想贝多芬！不是要求每个人都能做到贝多芬那样，但我们必须学会把苦难转化为动力，千万不能在顾影自怜中把自己埋没！

在这个世界上，有阳光的地方，也有可能乌云笼罩；有晴天的地方，也可能风雨肆虐。摆脱乌云的遮蔽，重新照射大地的阳光比以前更加灿烂，经历过风雨洗礼的天空才会变得更加湛蓝。人们都希望自己的生活顺顺利利，但命运却给予人们那么多波折坎坷。此时，我们要知道，困难和坎坷只不过是人生的另一种"馈赠"，它能使我们的思想更清醒、更深刻、更成熟、更完美。

在企业的发展过程中，也会遇到各种各样的问题，遇到数不胜数的困难，没有任何一家企业不是踩着荆棘甚至踩着过去自己的"尸体"才完成蜕变的。

什么是成功？成功就是面对别人无法面对的问题，克服别人克服不了的困难，干别人干不了的事。

直线思维PK曲线思维

什么是直线思维？直线思维是指一种单维的、定向的视野局限，思路狭窄，缺乏辩证性的思维方式，但同时也被认为是以最简洁的思维历程和最短的思维距离直达事物内蕴的最深层次的一种思维方式。一般的直线思维表现是：面对问题，只有对或不对、是或不是等两种选择，而不会考虑更多的情况。任凭你怎么说，直线思维的人看问题都是一种方式，也就是普遍说的"死脑筋""直肠子"等。这种思维方式，看上去很简单，很粗暴，很对立。因此，也会给当事人带来各种各样的问题或烦恼。

与直线思维相对应的是"曲线思维"。曲线思维指的是在思考的时候，多一个方向，多一种渠道，多一个节点。在"是"或"否"之间，寻找第三种可能，甚至第四种可能。比如，当你不能决定买还是不买某种商品的时候，你完全可以寻找替代品，这就是一种曲线思维。相比直线思维，曲线思维的人更加灵活，处理问题也更游刃有余。

　　了解这 18 种思维方式，会让我们对世界产生更深刻的认识，对企业的发展和未来有不一样的理解，从不同的角度看我们的企业，引领企业走向成功的彼岸。

打破你的惯性思维

处在这个"唯一不变的就是变化""变化的旋风越转越快"的"10倍速"时代，我们唯一的选择就是打破惯性思维，以变应变，随时引爆自己的智慧，做出合理的判断，适时调整前进的方向，把握住每一次机会。

如今我们身处的这个时代，正以一种从未有过的速度发生着变化，而且是令人惊叹的加速变化。比如，电脑的更新换代速度就令人惊叹。做电脑生意的经常会感慨：新一代电脑刚到我们手上，还没等投放到市场，感觉就已经过时了。这就是我们时代的发展速度！

有言道：不是我不明白，而是这世界变化快。这是一个适者生存的时代，只有与社会变化的速度保持一致，甚至超出，才能成为"适者"。处在这个"唯一不变的就是变化""变化的旋风越转越快"的"10倍速"时代，我们唯一的选择就是打破惯性思维，以变应变，随时引爆自己的智慧，做出合理的判断，适时调整前进的方向，把握住每一次机会。

或许下面的故事能带给我们一些启发。

两个贫苦的樵夫靠着上山捡柴养家糊口。有一天，他们在山里发现了两大包布匹。两人喜出望外，因为布匹的价格远远高于柴薪的价格，将这两包布匹卖掉，换来的钱足可供家人一个月衣食住行了。于是，两个人各自背了一包布匹，急忙赶路回家。

走着走着，一名樵夫看到路边有一大捆衣服，走近后才发现，竟是一些上等的衣服，足足有十多件。他一下子兴奋起来，于是和另一名樵夫商量，要一同放下肩负的布匹，把那些衣服背回家。他的同伴却不赞同他的想法，他想：自己已经背着布匹走了好长一段路，如果在这里丢下布匹，自己之前的努力岂不全都付诸东流了？于是，同伴坚持不愿换衣服。先发现衣服的樵夫苦口婆心地劝说同伴，他也不为所动。于是，先发现衣服的樵夫只好竭尽所能地背起衣服，继续前行。

又走了一段路后，背着衣服的樵夫看到旁边的树林里闪闪发光，他走进去察看究竟，结果发现地上散落着一堆金条，他想：这下自己真的要发财了！于是背衣服的樵夫就劝说同伴丢下肩头的布匹，用挑柴的扁担来挑黄金。但是，他的同伴仍不愿意丢下好不容易背来的布匹，以免枉费辛苦，并且他怀疑那些黄金不是真的，劝背衣服的樵夫不要白费力气，免得到头来只能收获一场空欢喜。发现黄金的樵夫只能竭尽所能地挑了两坛黄金，和背布匹的伙伴一起赶路回家。

走到山下的时候，天气突变，一场大雨从天而降，在空旷处的两人被淋个湿透。更不幸的是，背布匹的樵夫肩上的大包布匹吸饱了雨水，重得他无法再背得起来。背布匹的樵夫不得已，只能丢下一路辛苦舍不得放弃的布匹，空着手和挑着黄金的同伴一起回家了。

一个人在遇到新出现的问题时，总是会习惯性地套用自己以前处理这类问题时的方式或经验，以固有的思维来对待和解决新出现的问题。如果在一切条件没有发生变化的情况下，运用过去的经验和方法会使问题得到最快的解决。然而，如果在条件已经发生变化的情况下，仍然照抄照搬过去的老办法，固执己见，以固定的模式去应对多变的事务，就会走很多不必要的弯路，使问题得不到及时、充分地解决。

我们必须尽可能地发挥自己的聪明才智，征服眼前的一切变化。如何以变应变呢？

首先，要有应对变化的心理准备和战胜变化的勇气。人生没有平坦的大道，也不可能不遇到困难。当焦虑袭来之日，往往就是被困难挫折压倒之时。只有具备了勇往直前的勇气，敢于承担责任，敢于正视现实，我们才能抵制焦虑情绪的进攻。

其次，我们要做到因势而行。所谓势，就是那些促成某件事成功的各种外部条件同时具备，即恰逢其时，好的机会集合而成的某种大趋势。因势而行不是固定的顺势而行，因势行事，也可逆势而行，同样会起到应对变化的效果。

再次，我们还要做到因事而行。事情有难易之分，也有大小之别。和自己的切身利益紧密相连的事情一定要做；有的事情和自己关系不大，则可做可不做。如果你无法做好即将要做的事情，就不要打肿脸充胖子；如果你对即将要办的事情把握不大，就要小心谨慎；如果你觉得自己可以做到即将要做的事情，就要义无反顾地去做。因事而变，才能做好事情。

最后，我们还要做到因境而行。做事必须随各种环境的不同而随时调整自己的做事策略，改变做事的手段和技巧。这里所说的环境，包括社会环境、地理区域环境、人际环境等。做事因环境而变，才会成功。

除此之外，我们对自己也不要过于苛求，对具体目标要进行合理的分析。如果一时由于客观原因达不到既定的目标，不妨变通一下，为自己创造一个良好的环境。

无论是做人还是做企业，我们一定要充分引爆自己的聪明才智，用一双善于观察的眼睛收集所有的变化，在变化来临时，做出敏捷正确的反应。正确应对变化，你才可能抓住每次好的机会去寻求发展。

换个角度看世界

换个角度看世界，可能会得到不同的收获。寻觅未必就是注视前方，有时也应该学着把你的视线转向其他地方，最不可能的地方或许正是最有可能的地方。

辛弃疾写过一首词，其中几句是"众里寻他千百度，蓦然回首，那人却在灯火阑珊处"。你在茫茫人海中寻找心仪的人，但是却遍寻不得。谁知道，一转过身，却发现，原来那个人站在你的身后。从这几句词里，我们也可以得到一个独特的启示：换个角度看世界，可能就会得到不同的收获。寻觅未必就是注视前方，有时也应该学着把你的视线转向其他地方，最不可能的地方或许正是最有可能的地方。

当人们习惯了看问题的角度，习惯了做事情的方法，习惯了自己所处的位置，习惯了把自己也变成习惯的一部分。于是，思维就变成了一根铁轨，虽然在不断向前延伸，却始终没有变化。其实，换个角度，世界就会变得很不一样。

在阿里巴巴有一门特殊的"必修课"，那就是倒立。《福布斯》杂志曾经刊登过阿里巴巴员工贴墙倒立的照片，称这是阿里巴巴公司员工的"招牌动作"。在阿里巴巴，无论胖瘦、高矮，新进人员都必须在 3 个月内学会靠墙倒立。男性要保持倒立姿势 30 秒才算过关，女性保持 10 秒就可以过关了。如果无法做到这一点，就算其他方面再优秀，最后也只能卷铺盖走人。这个"规矩"的制定者，正是阿里巴巴的领导者马云。马云自己也是倒立高手，他有一个绝活：单手倒立。他能够一只手撑地，倒立数分钟而面不改色。

马云对倒立情有独钟，还有一段故事。

2003 年，马云儿时的偶像、《排球女将》的主角——饰演小鹿纯子的荒木由美子受邀来到阿里巴巴做客。在《排球女将》最流行的那几年，大江南北都能见到孩子们挂在树上，练习"流星火箭"和"晴空霹雳"；或者在墙脚排成一排，练倒立。身材矮小的马云，没有练成"流星火箭"，也不会"晴空霹雳"，但倒立却练得炉火纯青。偶像要来自己的公司了，以什么样的方式迎接她呢？马云苦思冥想。一开始，他希望公司里的员工都能学几招当年《排球女将》中"小鹿纯子"在场上的几个动作，但因为当年电视剧中小鹿纯子的几个精彩动作如"流星火箭""晴空霹雳"都是通过电脑特技设计的，要让员工短时间内就掌握这些特技肯定是不现实的。后来，他想到了倒立。于是，荒木由美子访问阿里巴巴的时候，全公司的员工是以一种特殊的方式——倒立，欢迎这位当年的"排球女将"的到来，场面蔚为壮观。如此别出心裁的欢迎仪式，令荒木由美子非常感动，也非常惊讶，因为当年连她们这些"排球女将"也不能做到十几个人排在一起倒立。

为什么要让员工学会倒立呢？马云有自己的认识：当你倒立的时候，血液会涌进大脑，看世界的角度会完全不一样。在他看来，倒立可以锻炼身体，不用器械辅助，随时随地就可以进行，非常方便。通

过练习倒立，促使员工对问题进行换位思考，用另一种眼光看世界，可以培养创新精神。

选择投资 1 亿元办淘宝网的时候，马云的决定遭到很多人的质疑，当时中国的互联网行业还处于冬天。另外，提供类似服务的易趣已经占领了中国 80% 以上的市场份额，国外的 eBay 在 2002 年花了 3000 万美元收购了易趣 1/3 的股份，并在 2003 年以 1.5 亿美元的价格收购了易趣余下的股份，为的就是能够加强对中国市场的投入，在中国市场占据领先地位。这样强大的对手已经矗立在那里，当时很多人都已经放弃了电子商务这一块业务，就是觉得没什么竞争力，马云偏偏要选择与其竞争。在当时，马云的做法被形容为"疯狂""豪赌"。马云注意到：虽然 eBay 做得很大，但很多地方并不完善，有很多弱点。针对这些弱点，马云觉得这一仗自己还是有胜算的。马云那时候常说："可能 eBay 是海里的鲨鱼，可我是扬子江里的鳄鱼。如果我们在海里交战，我便输了；可如果我们在江里交战，我稳赢。"马云就是要走和 eBay 不同的路线，本地化的营销是淘宝网制胜的法宝。与 eBay 坚持收费不同，淘宝网并不着急收钱，收回成本，而是先以培育市场为主要目的，把客户的满意度放在首要位置。

一开始的时候，eBay 的全球总裁惠特曼毫不掩饰自己对淘宝网的不屑，他预言淘宝网最多撑 18 个月就要倒闭。18 个月后，淘宝网不但没倒闭，发展势头还越来越猛。eBay 易趣的首席运营官郑锡贵意识到了危机："我们在中国要打的是一场'持久战'，做的是 100 年的计划。"

马云不按常理出牌，再一次取得胜利，淘宝网发展至今，已经是无人不知、无人不晓的电子购物平台。这些成绩都是当初人们想不到的，如果马云一直按常规思维办企业的话，那就不会有淘宝网了。

"一直有人说阿里巴巴的这个模式这样不好、那样不好。所以，创新得顶得住压力，挡得住诱惑。我们最早被人说是疯子，到今天被说是狂人。不管别人怎么说，我们不在乎别人怎么看待我们，我们在乎的是怎么看待这个世界，如何按照我们的既定梦想一步一步往前走，这是做企业、做任何事一定要走的路。"这就是马云的思维——换个角度看世界，挣脱世俗，活出自我。

第八章

传统企业家
思维革新

传统思维造就传统企业

经历了三代企业家的蜕变，企业家的思维模式发生了根本的改变。我们可以看到，传统的思维造就传统企业，创新精神造就创新型企业，而互联网思维造就了新业态企业。

企业家经历了一代又一代的发展，也进行着一代又一代的兴替。而企业家思维的革新与升级是互联网时代所有企业家必须面对的重要问题，我们必须由传统企业经营者变身为未来高科技互联网公司的总裁，必须改变传统的思维观念，变成创新型思维的企业家。只有这样，我们的企业才能保持生机与活力。

在中国商界有一种流传已久的说法，中国改革开放以来已经出现了三代企业家：改革开放初期，以大邱庄禹作敏及步鑫生、马胜利等为代表的第一代企业家，他们有的因违法走进监狱，有的大多早已从人们的记忆中消失；20世纪80年代中期开始，以联想、海尔、华为等企业为代表成长起来的第二代企业家，如柳传志、张瑞敏、任正非等，他们以低成本制造优势参与了全球产业分工，创造了"中国制造"的奇迹，这些企业家现在大多已经成为中国企业家的领袖级人物；20世纪末期，随着互联网的发展，新的商业模式不断涌现，催生了以沈南鹏、陈天桥、江南春、马云、李彦宏等为代表的第三代民营企业家，他们是最富有创新精神的企业家。

经历了三代企业家的蜕变，企业家的思维模式发生了根本的改变，先是从当年的"一分钱一分货"发展到第二代企业家的"战略决定成败"，然后又发展到第三代企业家的"创新引领未来"。从中，我们也可以看出，传统的思维造就传统的企业，创新精神造就创新型企业，而互联网思维造就了新业态企业。那么，传统企业家是什么样的思维方式呢？

简单来说，传统企业家的思维方式是过去式思维、市场规模思维、竞争要素思维、唯利是图思维、现金流思维、有形资产思维、生产要素思维、客户控制思维、价值索取思维、产品导向思维和企业封闭思维。

传统企业家在看待企业的时候，看的是这个企业过去做的是什么、未来能拥有什么，就像银行贷款一样，看你的企业有多少钱、有多少资产、有多少工人、有多少设备，如果你的抵押物足够，我就给你贷款。这是一种过去式思维。如果用这种思维来看待现在的互联网企业，那像阿里巴巴、腾讯这样的企业都是"不合格"的，在传统企业家看来，这些企业都是"皮包公司"，既没有土地，也没有厂房，他们看不到这些企业未来的价值，只强调过去已经发生的价值。这就是传统企业家的思维局限，在他们的认知里，传统企业都是实体企业，传统思维就是这种观念。

传统企业家的市场规模思维，指的是这个市场能做多大。市场规模越大，企业就越大、越强。为了达到这个目的，企业会通过兼并、收购等多种方式来扩大企业的规模，寻求土地最大化、设备最大化，以大欺小，大鱼吃小鱼。但是，这样一来，往往会导致同质化竞争，在行业里面全是竞争对手。自然，企业的发展会遇到各种难题。

怀有唯利是图思维的企业，其经营动机是利润最大化，完全以赚钱为目的，不是以客户服务为中心，也不追求为客户创造更大的便利性。追求利润固然是企业的目标，但现代企业不是赚钱越多就越好的。

管理学家德鲁克曾经说过：所谓的利润是一个引人误解的名词，"没有利润，只有成本"。其实，利润和企业的关系就好比食物和人的关系，利润是维持企业生存的食粮。然而，企业的目的却不是利润，企业成功经营的衡量标准也不是利润最大化。企业的目的就是创造顾客需要的价值，关于企业成功经营唯一正确的衡量标准就是这种价值创造能力的最大化。

传统企业的现金流思维指的是企业家把现金流当成企业的生命线，企业要赚现金流，更要通过现金流来获取企业的隐形价值。

有形资产思维，指的是企业家非常重视有形资产，把设备、厂房等有形资产看得非常重要。在传统时代，这些有形资产的确是企业发展的关键要素。然而，到了互联网时代，这些东西已经不能用老眼光来衡量了。

这些传统的思维方式造就了一大批传统企业家，也造就了一大批传统企业。现在，这些传统企业已经缺乏核心竞争力，急需转型升级。不过，我们却发现，很多企业在转型升级时都以失败告终。

我们总结了传统企业转型升级失败的几大共性。

一是思维封闭，目光短浅。

很多企业家喊着要转型升级，却往往是"雷声大、雨点小"，根本原因在于企业家思维封闭，目光短浅。企业家们惯性的科层思维让他们把目光局限在企业内部。然而，内部资源条件不好，转型升级就失去了驱动力。这些企业家为什么不从外界获取资源？或许是因为会产生巨大的交易成本。但是，在如今的互联网时代里，资源的获取渠道已经越来越多，还把目光放在企业内部，就会错失优质资源。

二是团队认识不统一。

我们接触的一些企业家都是有思想、有谋略、有见地的社会精英，他们对社会发展、行业变革以及市场的演变趋势都有着独到的理解和深刻的洞察。然而，企业的高管团队在思想意识及前瞻性预判方面却与他们有着巨大的差距，很多企业家就会感到"高处不胜寒"，没有人理解自己的想法，最后在企业里成为孤家寡人。他们向高管团队其他成员解释不明白为什么要转型；不知道如何才能有效地说服高管团队接受自己的想法；如何才能让大家明白自己的心，如何让大家跟着自己往前冲。有些企业的高管团队又安于现状，觉得目前这样就挺好的，为什么要费尽心思转型。一旦企业家与高管团队产生分歧，就会导致企业内部出现企业家大刀阔斧地转型，而高管团队却不支持的尴尬局面。

三是战略方向模糊。

很多企业在原先的传统行业做得很好，可以说从无到有，赚取了巨额的财富。然而，随着时代的发展、商业环境的变化，以前惯用的经营方式已经落后了，这些企业就开始向互联网转型，追求互联网红利，但在这个过程中，他们迷失了战略方向，不知道企业应该往哪个方向走。于是，干脆走一步算一步吧，有些人甚至看到哪种模式火就做哪种模式。比如有的企业先尝试做电商，看到移动社群火了，就转去做移动社群，结果哪个也没做好。

四是执行不到位。

也有一些企业的转型战略思路是非常明确的，方向也是对的，却难以执行到位，只能眼睁睁地看着机会流失。为什么执行不到位？很多人认为原因在于员工执行力差。但是，实际根源在于员工对企业的战略缺乏认识，员工激励措施和沟通措施跟不上，这样就使得最高决策层的想法和决策很难传递到基层，上下衔接不上，结果就出现了断层、脱节的问题。

五是把企业拆小，却不舍得授权。

把企业拆小是企业转型升级过程中常用的一种方法，企业家们的初衷是：结构越来越臃肿，不利于企业发展，把它拆小，使"大船"变成"联合舰队"，每只小船都能在舰队中自由决策，组织就会更有活力。于是，很多企业家将公司拆分为许多拥有独立财权（分配权）、人权（人事权）和事权（决策权）的小的经营体。然而，因为害怕经营管理失控，害怕钱与权被分享，企业家们却不敢真正授权，反而对这些小的经营体进行更为严格的行政管控、财务管控和人事管控。这样一来，经营体得不到应有的权力，利益却是因指标而非结果牵动，无奈之下，只能与上级不断地博弈，为自己争取更有利的绩效指标，粉饰自己的绩效成绩……企业内耗严重，转型升级最终换汤不换药。

纵观以上几大原因，从本质上说可以归结为一点，那就是企业家的思维受到了限制。思维受限，就会导致很多企业转型与升级的思路不清晰、途径不正确，企业就如同失去航标灯的轮船，只能随波逐流，最终陷入了"不转型是等死，转型是找死"的困境，企业家也会渐渐失去对企业的控制力。

传统企业要想重新焕发生机，思维革新是至关重要的突破口。很多成功企业正是因为从突破思维入手，才一步一步完成转型升级，找到新出路。比如，百度壮士断腕，砍掉不景气的C端业务，布局AI，重新完成顶层设计，重新驶入发展的快车道。

创新精神造就创新企业

在互联网时代，网络技术的更新速度是人们无法想象的，只有比其他人更早掌握新的技术，才能站在下一轮竞争中制胜的制高点上。企业家们必须具备创新思维才能洞悉瞬息万变的商机，以最快的速度适应不断变化的市场。

在互联网时代，我们常说的一个词就是"互联网思维"。我们先来看看这个词的由来。互联网思维最早是从互联网业界起源的，指的是用互联网时代的新型理念来改造传统产业。

2007年，百度公司创始人、董事长兼CEO李彦宏率先提出："以一个互联网人的角度去看传统产业，会发现太多的事情可以做。"他预言，"未来不会再有专门的互联网公司，所有的公司都要用互联网做生意"。2011年，李彦宏正式提出了"互联网思维"的理念，并且给它下了一个定义——"基于互联网特征来思考问题"。2012年起，小米科技董事长兼CEO雷军、阿里巴巴集团董事局主席马云、腾讯公司董事会主席兼CEO马化腾、360公司董事长周鸿祎等互联网产业巨头在各个场合陆续说到过"互联网思维"。

随着互联网技术的不断发展，人们越来越发现这种适应"互联网时代特点"的新型思维模式在经济、文化等各个领域的发展中发挥出巨大的价值，从而使这一概念逐步被大众接受。现在，一种较为流行的观点认为：互联网思维是指在互联网时代基于互联网的特征，对用户、产品、企业价值链乃至对整个商业生态进行重新审视的思考方式，并由此拓展到对整个社会生产、生活方式的重新思考。

创新是互联网思维的一个典型特点，在互联网时代，网络技术的更新速度是人们无法想象的，只有比其他人更早地掌握新的技术，才能站在下一轮竞争中制胜的制高点上。所以，企业家们必须具备创新思维才能洞悉瞬息万变的商机，以最快的速度适应不断变化的市场。

成立于 2010 年的小米公司，只用了短短 5 年的时间就跻身于"国产手机五巨头"行列，正是因为其领军者雷军的创新思维。小米上市后，雷军曾经总结其成功经验，最重要的一个因素就是"创新"。他曾说过：2010 年我发现一个问题，大多数行业的产能过剩，从早期的稀缺经济变成过剩的经济。工厂里制造了大量的产品，却卖不出去；老百姓需求的东西，市场上不供给。最后，所有的东西只能出国买。我觉得问题很严峻，但我从来没有干过任何硬件的产品……这样的背景我怎么去做硬件呢？我后来在想，我已经掌握了最先进的互联网的思想和技术，怎么能用互联网的方法去干实体经济，帮助实体经济转型升级，从而影响整个制造业。2010 年的时候，我所看到的中国制造业，已经是世界工厂，全球最强大的制造中心。而小米创业时面临的问题是，东西不好看、不好用。所以，我在组团队的时候，选择了大量一流的设计师。后来，大家再去看小米的产品和设计，应该是国内获得世界设计大奖最多的公司。我认为在重视科技创新的同时，设计的重要性应该得到大家足够的重视。我们为什么叫小米科技？就是要有创业精神，重视科技创新。小米在整个创业的过程中融合了技

术、模式、理念的创新。正是有这三大创新，使得我们进入一个极度竞争的环境里面，用了两年半的时间成为中国第一，这就是创新的重要性。

以创新精神为要义的互联网思维造就的是创新型的企业家，这些企业家比谁都清楚，创新就意味着不能照搬旧经验，而是要用智慧和心血创造新的传奇。他们选择了创新，因为他们知道唯有创新才能跟上时代的前进步伐。也因为这些企业家的创新精神，才打造出一大批拥有自主知识产权的核心技术、知名品牌，具有良好的创新管理和文化，使得自己企业的整体技术水平在同行业中居于领先地位，成为在市场竞争中具有优势和持续发展能力的创新企业。

互联网思维造就新业态企业

传统企业是看过去，而互联网企业是看未来。对于一家互联网企业来说，最重要的不是今天赚多少钱，而是未来能赚多少钱。

在互联网时代，有创新精神的企业家造就了一大批创新企业。仔细观察这些企业会发现，他们大多从事的是不需要实体产品的虚拟经济。比如京东，作为一个网上商城，它既不生产，也不制造；既没有工厂，也没有设备，只凭借互联网，就能销售超过数万品牌、4020万种商品，囊括家电、手机、电脑、母婴、服装等13大品类，甚至入选了世界财富500强。对于京东这样的互联网企业来说，客户就是数据，数据就是无形价值，得客户者得天下。再比如微信。以前，人们到了餐馆之后，问服务员："今天有什么特价菜？"而现在，只需要打开微信，扫一扫餐馆的"二维码"，这家餐厅的特色菜、团购套餐和其他优惠信息就会展示在人们面前。以前，人们通过打电话来传递信息，如果在外地，还需要缴纳高昂的"漫游费"。现在，人们可以通过微信来发送文字、语音、视频等多种信息，即使对方暂时没空，过后也可以查看、收听和回复。以前，人们打商家的外卖电话或者登陆第三方网站订餐。现在，只需要打开微信，找到饭店的公众账号，就可以方便、快捷地订餐。微信不仅成为时下很多人的生活方式，而且逐渐渗透到社会以及各种商务活动中，潜移默化地改变甚至颠覆了传统的商业模式。为什么微信能这么"牛"？正是因为它掌握了全中国的大数据。

传统企业最重视的是赚钱，但互联网企业却不一样，他们不重视赚钱，他们最重视的是估值。很多互联网企业都是亏损的，到上市的时候京东都是亏损的，但它登陆纳斯达克的时候开盘价是 21.75 美元，市值将近 300 亿美元，可融资 20.4 亿美元。企业估值靠的是什么？是企业的价值，而企业价值靠的是客户的终极价值。庞大的用户数量、粉丝的流量，都是未来可变现、有增长预期的价值，也是企业估值的支撑点。

传统企业看过去，而互联网企业是看未来。对于一家互联网企业来说，最重要的不是今天赚多少钱，而是未来能赚多少钱。

互联网公司的增长和金融的增长都是非常快的，互联网与资本结合，就会产生非线性增长，可以达到每年 50% 乃至 300%、500% 的增长，这是一种爆发式的增长。所以，互联网思维造就了新业态企业。

今天的企业家必须忘掉过去，拥抱变化，习惯面对未来，革新自己的思维方式。我们有责任、有义务担当起创新的使命，只有完成思维的创新，才能实现商业领域以及其他各个领域的创新，才能为中国的企业装上强大而具有核心竞争力的动力系统，引领中国企业走向世界。

颠覆和创新，是未来企业家思维特质的核心，也是我们在下一个世纪引领风口的关键，是我们在未来的物联网时代实现蓬勃发展的核心法宝。

第九章

CEO商业思维

创新原理

为什么只有偏执狂才能生存

专注才能专业，专业才能具有极致的水平，只有极致的水平才能打造出极致的产品，甚至做出常人做不出的爆品。

伴随着互联网、物联网时代的汹涌到来，所有我们熟知的事物都在不断地变化中，商业模式的剧烈变动正席卷着各行各业，所有坚硬的壁垒都将消弭于无形，所有的企业都面临着商业模式的再探索和转型，而商业模式的探索、失败、进化，甚至再回到起点，"杀死自己"推倒重来。不断颠覆，不断创新，不断涅槃，不断重生，这不仅仅是这个时代新创公司的特征，也是今天所有互联网领域存活下来的巨头们的轨迹。不过，虽然很多人都已经认识到企业的生存和发展中颠覆与创新的重要性，但如何创新却仍是一个难题。很多总裁说，我们怎样才能有创新能力？怎么我的企业就创新不了呢？怎么创新反倒成了创伤？其实，要想创新就一定要当一个"偏执狂"。

前些年，英特尔的创始人安迪·格鲁夫曾经写过一本令全球科技界都为之震撼的书，叫作《只有偏执狂才能生存》，他说："我笃信'只有偏执狂才能生存'这句格言。我不记得此言出自何时何地，但事实是——一旦涉及企业管理，我相信只有偏执狂才能生存。"从此之后，这句话风靡世界。

为什么只有偏执狂才能在创新时代的多元竞争中获得生存和发展？难道那些传统的、中庸的人都会被淘汰吗？的确如此。在我看来，所谓的"偏执狂"，就是在各行各业中能始终保持专注、执着与坚定，能做到极致化生存的人。这种人往往痴迷工作，思想偏执，不近人情，脑袋只有一根筋，不懂得变通，但在他们身上却有一股专注的力量，只要他们认准了目标，就会一条路走到黑，不到黄河心不死。只有这样的专注才能专业，专业才能具有极致的水平，只有极致的水平才能打造出极致的产品，甚至做出常人做不出的爆品。

具备偏执狂思维方式的人，无论做什么事情都能做到极致，当他做到极致就会突破。到那时，同行业的其他企业会发现，质量比不过他的企业，品牌比不过他的企业，服务比不过他的企业，产品更新换代也比不过他的企业。于是，他的企业理所当然地成了行业"龙头老大"。这方面的一个经典案例就是海底捞，这家餐饮企业真正把服务做到了极致。

到海底捞吃火锅，品的不是味道，而是服务。在海底捞就餐，每一个顾客都能真正找到做"上帝"的感觉，海底捞的服务热情甚至会让顾客觉得不好意思。但是，海底捞正是凭借着这样热情的服务征服了越来越多的消费者。每当到了用餐的高峰期，几乎每家海底捞都会出现一样的情形：等待区里挤满了顾客，等待的人数和正在就餐的人数差不多。这就是传说中的海底捞等位场景。令人奇怪的是，虽然等位的人很多，却几乎很少有人表现出烦躁的表情。

在很多人的印象中，在餐厅排队等位是一件令人十分痛苦的事情。然而，在海底捞却有了完全不一样的感受：手里拿着号码牌等待就餐的顾客可以一边观望着屏幕上实时打出的座位信息，一边享受着服务员不断端出的免费薯片、水果、饮料以及其他零食。为了让顾客们享受到等待的乐趣，服务员还会主动送上扑克牌、跳棋之类的休闲棋牌；爱美的女士甚至还可以在就餐前享受免费的美甲、擦皮鞋等服务。除此之外，如果顾客们觉得无聊，还可以趁着等位的时间到餐厅的上网区浏览网页。

终于等到顾客坐定点餐的时候，早就已经有服务员把围裙、热毛巾等一一奉送到眼前。每隔一刻钟，就会有服务员主动过来为你更换面前的热毛巾。服务员还会为披散着头发的女士递上皮筋或者发夹，方便她们把头发扎起来，以免头发掉落到食物中；戴眼镜的顾客，则会得到一块擦镜布，可以随时擦拭被热气模糊的镜片。如果顾客中有小孩子，服务员还会过来帮你喂孩子吃饭或者在儿童天地里陪着孩子们玩游戏，让家长们可以毫无顾虑地就餐。如果你点的菜太多，服务员会善意地提醒你已经够吃了；随行的人数较少，他们还会建议你点半份。要是你把手机放在台面上，细心的服务员会不声不响地拿来小塑料袋帮你装好，以防溅上油渍。

在坊间一直流传这样一个故事。一位顾客结完账，临走时随口问了一句："怎么没有冰激凌？"几分钟后，服务员就拿着一只雪糕气喘吁吁地跑过来："让您久等了，这是刚从超市买来的。"很多顾客曾经都有过类似的经历。为了消除口味，海底捞还在卫生间准备了一次性的牙刷、牙膏，甚至护肤品。过生日的客人，会意外得到一些小礼物。就餐完毕后，服务员会在第一时间送上口香糖，当你离开餐厅的时候，一路上所有的服务员都会向你微笑道别。孕妇会得到海底捞的服务员特意为她做的泡菜，分量还不小。如果有顾客特别喜欢店内的免费食物，服务员也会单独打包一份让其带走……这就是海底捞的顾客们享受到的"花便宜的钱买到星级服务"的全过程。毫无疑问，这样贴身又贴心的"超级服务"，形成了海底捞顾客的高度忠诚度，吸引了一批又一批的回头客。

为什么只有偏执狂才能生存？是因为只有偏执狂才能做到别人做不到的那些事情，才能在同类同质化竞争中脱颖而出、卓尔不群！

极致思维：创新精神原理

> 企业家都应该像乔布斯一样具备保持专注和追求极致的精神，要有"铁人"的意志和偏执狂的热情，将匠人精神融入自己的工作和产品中。

众所周知，在管理学上有一个"木桶原理"，说的是由多块木板构成的水桶，其价值在于其盛水量的多少，但决定水桶盛水量多少的关键因素不是最长的板块，而是最短的板块。不过，在产品过于同质、供给远大于需求的今天，避免出现短板已经不是最大的难题，而如何为自己打造长板，给出一个让别人选择你的理由，才是最难的。这就是互联网时代的极致思维，也是许多被称为偏执狂的人身上最宝贵的特质。很多国内的企业家不具备这样的特质和精神，做不到"偏执狂"。他们一遇到困难，不是迎难而上、解决问题，而是想方设法找资源或者直接放弃，所以，他们永远都不能把事情做到极致。

要理解极致思维，不妨从两位企业家的座右铭开始。一句是乔布斯的：Stay Hungry, Stay Foolish，意思是要保持饥饿，保持愚蠢。另一句是雷军推崇的：做到极致就是把自己逼疯，把别人逼死。其实，极致思维体现的是一种匠人精神：淬炼心性，养成自己，以行诲人。中国古人一直是极致思维的典范。

古时有一对名剑，叫干将、莫邪。传说，干将、莫邪本来是两位铸剑师的名字，当铸剑铸到 99% 的时候，需要一样东西，才能让剑的坚韧度绝世无双，这样东西就是人的骨血。这时候，干将、莫邪两位铸剑师跳进熔炉，造就了不世名剑。

乔布斯也是一个极致思维的代表，他对产品的专注和追求极致的精神将苹果带向了成功。企业家都应该像乔布斯一样具备保持专注和追求极致的精神，要有"铁人"的意志和偏执狂的热情，将匠人精神融入自己的工作和产品中。

传统企业要想实现转型升级，必须要培养一批又一批具备极致和创新精神的未来企业家，也就是一批又一批偏执狂。举个例子，华为为什么做手机、做芯片都能做到今天这么优秀？就是因为任正非就是一个偏执狂。

作为全球最大的电信设备商——华为的创始人、民营企业家的翘楚的任正非始终保持低调、神秘的处事风格，马云评价他是"一个被遗忘的高人"。如今这个信息高度发达的时代，人人都在追求曝光度，我们不仅常会看到一些商业大佬们指点江山、挥斥方遒，就连一些名不见经传的小人物也会使尽浑身解数制造话题、直播自己，而任正非却没有微博、不用微信，甚至还曾向华为高层发出死命令："除非重要客户或合作伙伴，其他活动一律免谈。谁来游说我就撤谁的职。"那他每天都在忙些什么？他所有的时间都用于研发，技术上不断革新就是他的终极目标。

2016 年，鲜少在媒体上露面的任正非破例接受了新华社记者的采

访，在位于深圳龙岗坂田的华为总部，他们进行了 3 个小时的促膝长谈，当记者问及华为成功的原因和秘诀时，任正非回答："28 年，华为坚定不移只对准通信领域这个'城墙口'冲锋。我们成长起来后，只坚持做一件事，在一个方面做大。华为只有几十个人的时候就对着一个'城墙口'进攻，几百个人、几万个人的时候也是对着这个'城墙口'进攻，现在十几万个人还是对着这个'城墙口'冲锋。密集炮火，饱和攻击。每年 1000 多亿元的'弹药量'炮轰这个'城墙口'，研发近 600 亿元……最终，我们在大数据传送上世界领先。引领世界后，我们倡导建立世界大秩序，建立一个开放、共赢的架构，有利于世界成千上万家企业一同建设信息社会。"正是因为有这种极致思维，华为才一步一步登上世界 500 强，令欧美的高科技企业瞩目。

这是一个极致者胜的时代，把一切做到极致，这是企业家的情怀，更是企业家赢得时代青睐的秘密武器。

"特斯拉"的颠覆式创新

在埃隆·马斯克的创业过程中，创新一直处于首要位置。几乎每一次，他都在做颠覆传统观念的事情。

纵观全球汽车界，最吸引眼球的莫过于特斯拉——这个被称为"下一个苹果"的电动汽车品牌，已经掀起了一场令人震撼的"特斯拉风暴"。作为特斯拉的创始人，埃隆·马斯克也被众多科技爱好者奉为乔布斯之后的新一代科技偶像。在人们眼中，他不但是出色的商业领袖，更是追求极致的完美主义者，是改变世界的人。

特斯拉是靠什么才取得成功的？是电池管理技术，它最核心的技术莫过于它独特的电池管理技术——将七千多块 18650 电池组合在一起，并通过芯片和感应器来管理这些电池。这些感应器可以对每块电池的电流、电压、温度进行监测。此外，还有专门的烟雾和湿度感应器，一旦电池出现什么异常，比如燃烧或遇水，就会在毫秒之间关闭电池系统，这极大地提高了电池的安全性和稳定性。可以这样说，如果没有这种独特的电池管理技术，就没有今天的特斯拉汽车。可是，很少有人知道，特斯拉的电池管理技术是如何发明出来的。

研发之初，特斯拉团队首先要解决的一个问题，就是防止电池爆炸起火。因为一旦发生这种情况，将会带来灾难性的后果，而要解决这一问题，如何组合这些电池、怎样控制好电池温度就是关键中的关键。他们一开始采取的做法是把一粒粒电池用高强度胶粘在一起，做成一整块电池板。不过，这种用胶直接粘连电池的方法，会出现很多意想不到的麻烦，从而影响电池的安全性。因此，他们改变了电池的组装方法——把原来的几千块电池细分成 11 个模块，而在每个模块里则装有 621 粒电池，这种模块很像酒架。这种处理方式，在安全性和易用性方面，都比之前的处理方式优越很多。

接下来的问题，是如何避免模块过热。开始的时候，他们利用空气冷却，毕竟，空气是免费的，可以大大降低成本，可如此多的电池单靠空气冷却，效果非常有限，而锂电池对温度又非常敏感，如果模块内温度过高，就会大大缩短电池寿命。管道风冷，风扇风冷，还有歧管风冷等各种空气冷却方式，都一一试过后，他们最终不得不放弃空气冷却方案，转而采用水冷方式。而经过一系列反复摸索、研究后，他们终于创造出一套特有的水冷系统，通过这套系统，可以让每块电池都得到冷却。

如果那时有人从底特律来到特斯拉考察，一定会觉得难以置信。这家公司所拥有的汽车专业知识仅止于此：一帮汽车爱好者，还有一个做了不少项目的人，这些项目只是达到了科技展览的参展级别。在传统汽车行业的人看来，他们所依据的科技原理是非常荒谬的。并且，团队里没有一个人打算去底特律的传统汽车制造商那里寻求建议。相反，他们想要颠覆底特律的法则，成为底特律的挑战者。不过，特斯拉相比于其他公司的独到之处在于，他们最先意识到 18650 锂离子电池的技术潜力，并且相信它的前景会越来越好。正是这一点，再加上他们持之以恒的努力和敢于创新的精神，成为这家公司成功的关键。

在埃隆·马斯克和他的团队的设想中，特斯拉最初的目标只是想生产一辆原型车。

什么是原型车？通常来说，指的是这个车型最早出现的版本或者雏形（同一品牌原有车型或其他品牌的对标车型），后来的车型基本都是按照这个原始版本来设计制造，要么是全盘照搬，要么是稍作改动，一般不会有太大的改变。要设计出原型车并不难，特斯拉可以将AC Propulsion公司推出的Tzero动力系统装进莲花Elise的车身。Tzero是AC Propulsion公司推出的一款电动汽车，是非常高端的原型车，它是一辆组装车，拥有玻璃纤维的车体和钢制的车骨架。1997年，这款产品刚发布的时候，从起步加速到时速60公里，仅需4.9秒。

技术团队让AC Propulsion公司的负责人汤姆·凯奇找来一辆Tzero给埃隆·马斯克试驾。几乎在看到它的第一眼，埃隆·马斯克就爱上了这辆车，在他看来，这是一辆速度快到能让人尖叫的电动车。他希望特斯拉能够在Tzero的基础上生产出一款更酷炫的原型车，从而改变电动车在人们心目中无趣又笨重的形象。

特斯拉团队很快就投入在Roadster（他们给这辆期待中的原型车命名为"Roadster"）的研发过程中。他们没花多少时间就制定出了电动机的设计方案，并打算从美国或欧洲购买变速器，然后将其他的零件制造业务外包给亚洲的生产商。在大部分时间里，特斯拉的工程师们只需要专注于研发电池系统，装配环绕车身的各种线路，以及切割并焊接各种金属材料，以便把所有的部件都整合在一起，工程师们

痴迷于生产硬件。整个特斯拉团队把Roadster当作一个汽车改造项目——只需要两三名机械工程师，再加上几个装配人员就能完成。

为了完成这个项目，工程师们废寝忘食，夜以继日。他们买了一台升降机，将它安装在厂房，买了一些器械、手持工具和能让他们在晚上继续工作的照明灯，大大提高了他们的工作效率。电气工程师认真地研究了莲花汽车的基础软件系统，想要弄明白它是怎样把踏板、仪表盘和其他机械装置联结成一个整体的。他们发现，那些真正高精尖的技术集中在电池组的设计上。在这之前，从来都没有人尝试过将几百块锂离子电池并联在一起。因此，说特斯拉走在电池技术的最前端丝毫也不为过。

2005年1月27日，这款在工程师们的通力合作下打造出来的原型车终于问世了。为了庆祝它的诞生，特斯拉召开了一次董事局会议，埃隆·马斯克坐在车里兴奋不已，恨不得马上开着它去兜风。

顺利制造出原型车，并且攻破了电池难题后，埃隆·马斯克和特斯拉团队想：是时候在车上烙上特斯拉的印记了。他们决定对原型车进行改造，使其在外观上更加具有辨识度。

特斯拉的Roadster跑车采用的是莲花汽车的Elise底盘，这个底盘完全能满足特斯拉的工程用途。然而，却导致车身在形态和功能上都存在着严重的问题。Elise的车门很低，只有30厘米左右，这意味着乘客要想进到车里，要么跳进去，要么爬进去。而且，车身还需要加长，这样才能安装特斯拉的电池组和储物箱。除此之外，特斯拉更倾向于采用碳纤维而不是玻璃纤维制造Roadster跑车。因此，埃隆·马斯克对Elise底盘并不满意，他希望特斯拉生产的汽车能让人们坐着舒适、开着过瘾，而且实用性很强。

埃隆·马斯克的观念深深影响了特斯拉团队，他们先后对Roadster进行了多次改造，直到埃隆·马斯克满意为止。为了使Roadster跑车的外形达到埃隆·马斯克提出的"酷炫"的标准，特斯拉团队聘请了几位设计师设计全新的外观造型。从中选出一个大家最喜欢的造型后，特斯拉先于2005年1月委托一家汽车模型生产商制作了一个1∶4的模型，又于4月制作了一个1∶1的模型。他们用闪亮的聚酯薄膜包裹在模型外面，然后使其处于真空状态。这时，整个车身的轮廓便清晰可见，而且还有光影。这个银色的模型后来被相应转化为数据模型，工程师们可以在电脑上对其进行操控。

在经过了一年的改造和完善后，特斯拉的工程终于要告一段落了。2006年的5月，特斯拉团队打造了一辆黑色版本的Roadster，他们把它称为"EP1"或者"一号工程原型机"。这辆车的建造完成，让特斯拉团队有了清晰的概念。现在，他们终于知道自己要制造什么样的产品了。一个月后，他们又制造出了另一辆红色原型车"EP2"，作为黑色版本的补充。

埃隆·马斯克以及他的团队千辛万苦、耗费大量心血制造出的Roadster究竟什么样呢？

Roadster是一款两人座的敞篷车，它拥有流线型的车体，超低的底盘就像在路面上吸附着，给人强烈的安全感。它采用100%电动化的设计，即使从车后面看，也不会发现排气筒这种影响汽车外观的装置。它的最大输出功率是215千瓦，最大扭矩为370牛·米，它完全是高性能、高规格的。

埃隆·马斯克最初的目标就是要打造一款人们极度想拥有、对拥有的人很羡慕、拥有之后很自豪的电动汽车。他做到了。Roadster 正是一款这样的汽车。

2006 年 7 月，在圣克拉拉的一场展示会上，特斯拉的两辆原型车第一次亮相，吸引了无数目光，更吸引了媒体的闪光灯。埃隆·马斯克也出席了这次展示会，在会上，他颇为骄傲地说：今天之前出现的那些电动车都糟糕透顶。

Model S，是特斯拉继 Roadster 之后推出的一款惊世骇俗的新产品。孕育 Model S，是一个艰难的过程，但这一切都值得，因为 Model S 是一个具有跨时代意义的标志性产品。

这是一款令人咋舌的新产品，它既有保时捷的性感斜线条，也有宝马的强健骨架。当 Model S 第一次出现在人们面前时，几乎所有的人都投来了惊讶的目光。埃隆·马斯克非常自豪地宣称，人们看到的不是一辆像以往那种名不副实的概念车，而是一辆能有更大装载空间，并能快速行驶的新型车。

在埃隆·马斯克的创业过程中，创新一直处于首要位置。几乎每一次，他都在做颠覆传统观念的事情。特斯拉的工程师们经常会收到埃隆·马斯克汹涌而至的新点子，他曾经在周末把 Model S 原型车开回家，周一就提出了 80 个改动之处。

特斯拉 Roadster 最初使用的底盘是莲花轿车的底盘，以此为基础开发出的 Model S 的底盘，由于使用了电力驱动而节省了原来安置汽油发动机舱内的大量空间。所以，可以让正常尺寸的轿车安排下 3 排座位。为此，埃隆·马斯克要求特斯拉团队把 Model S 设计成可乘坐7人的4门轿车。这一改变不但有利于推行电动汽车，而且是对汽车概念的重新定义。

埃隆·马斯克的另一个创想，是在车里嵌入一个宽大的触摸屏。那时，大型触屏技术还没有兴起，iPad也是几年以后才面市的，当时人们在机场和商店常见的触摸屏大多都粗制滥造。不过，埃隆·马斯克通过iPhone却看到了这类触屏操作系统的大好前景。他要用一个巨型iPhone来控制汽车的绝大多数功能。为了找到合适大小的屏幕，埃隆·马斯克坐在只有外壳的样板车里，拿着不同型号的电脑屏幕横竖对比，最终选择了17英寸的竖式屏幕。它抛弃了传统汽车中控台上的一切旋钮、转轮之类的东西，车况信息、模式选择、悬挂调整、导航、娱乐等所有事项都可以通过控制触摸屏来进行。只有个别功能，比如储物箱和应急灯的开关装置，因为法律规定，只好保留了实体的开关。

在埃隆·马斯克的主导下，特斯拉Model S还在续航能力上有了革命性的突破——Model S充满一次电后的平均实际续航能力是320公里，它把电动汽车的续航能力整整提高了两个等级。在特斯拉Model S出现前，电动汽车的平均续航公里数是150公里。如前所述，这要归功于其车辆底部的电池组，电池组采用松下提供的18650钴酸锂电池，整个电池组包含约七千块电池单元；钴酸锂电池能量密度大，但稳定性较差，特斯拉为此研发了3级电源管理体系来确保电池组的正常运作。

特斯拉Model S从静止到破百（公里）的时间只要5.6秒。而且这还只是362匹马力电动机版本Model S的成绩，拥有416匹马力

的 Model S Performance，其百公里时速加速更是能达到惊人的 4.2 秒！Model S 的加速能力可堪比 V8 引擎的保时捷 Panamera S、捷豹 XJ 和宝马 7 系等汽车。作为一款零排放的电动汽车，这种加速度让油老虎般的豪车都黯然失色。

权威汽车杂志《消费者报告》在对特拉斯 S 型电动轿车进行了长期的道路测试后，给它打出了 99 分的高分，满分是 100 分。Model S 还拿下了美国《MotorTrend》杂志 2013 年度最佳车型，这是该杂志 64 年来首次将这一奖项颁给电动汽车。当记者问埃隆·马斯克获奖感受的时候，他说：相信多年后回顾这段历史，Model S 将会是从传统燃油时代向电动车时代发展的里程碑。

Model S 不但叫好，也非常叫座。2013 年一季度，Model S 在美国的销量达 4750 辆，比 2012 年美国电动汽车销量冠军雪佛兰沃兰达多出 406 辆。要知道，沃兰达的价格尚不及 Model S 顶级版的一半。特斯拉公司的崛起迫使涉足电动汽车的其他汽车制造商，包括宝马、雪佛兰、本田和日产提高电池性能，并继续降低价格。而对于引领者特斯拉来说，更多竞争也会促使自己继续快速成长。

第十章

思维进化的
六个层次

形成认知

当你没有认知的时候，你就没有办法做出判断，更不能进行选择。这时，你的思维是一个盲点，眼前是一片漆黑，你对任何事物都没有对错是非之分。

每个人站在不同的角度看不同的事物，往往会有不同的看法、不同的理解，因为人的思维深度是不一样的，认知的宽度也是不一样的。举个简单的例子，我们常说，人生有三重境界，这三重境界可以用一段充满禅机的语言来说明，那就是"看山是山，看水是水；看山不是山，看水不是水；看山还是山，看水还是水"。

一个人刚刚出生的时候，初识世界。对他来说，所有的东西都是新鲜的，眼睛看见什么就是什么，人家告诉他这是山，他就认识了山，告诉他这是水，他就认识了水。渐渐地，他长大了，到了二三十多岁的时候，经历的事情也越来越多，就会发现这个世界跟以前不一样了。他会看到，这个世界的问题越来越多，越来越复杂。进入这个阶段，他的心态就变了，思维的认知也发生了变化，不会再轻易相信别人。这时，他看山不是单纯的山，看水也不再是单纯的水。然而，到了六七十岁的时候，他的人生有了更多的历练，他觉得功名利禄如同浮云，生不带来死不带去，不必过于斤斤计较，最重要的是身体健康、心情愉悦。于是，他茅塞顿开，回归自然。这个时候，他看山又是山，看水又是水了。可见，人处于不同的年龄段，对事物的认知与判断标准是完全不一样的，价值取向也不一样。事实上，这是对事物认知深度的不同与突破。儿童时期本性天真，会专注于事物的本真；到了青少年时期与壮年时期的时候，对钱、权、利的追求让人失去自我；而到老年的时候，往往又回归到真、善、美。所以，才会有"看山是山，看山不是山，看山还是山"的三重境界。

不同的人在不同的位置、不同的年龄段，对待不同的事物，他的思维认知会出现截然不同的结果，这就分出了思维的层次。接下来，我们把思维简单地分为六个层次来解读人类思考认知以及思维运行的本质规律，从而揭开人类思维的密码。

思维进化的第一个层次是形成认知。所谓"形成认知"，就是我们从不知道到知道某个事物，对其有概念、有定义，然后对它形成初步的印象与形象，这个从不知道到知道再到了解的过程就是思维认知的第一个阶段。比如，有一个苹果摆在我们面前的桌子上，如果你曾经见过它，你就会知道这个水果叫苹果。但是，如果你从来没有见过它，你就不知道它是苹果。简而言之，思维的第一个层次就是我们要知道一个事物是什么，它是一个苹果、一个梨、一根香蕉还是一个桔子。

如果你不知道这个事物是什么，你对它就会缺乏判断。等你饥饿的时候，即使给你一个苹果你也不敢吃。

你知道这个事物是什么之后，你就会对它有所了解，知道苹果的味道十分香甜；知道梨富含丰富的水分，能润肺；知道西瓜多汁又好吃；知道桔子中含有丰富的维生素；等等。这时，如果有一篮水果摆在你的面前，装了很多苹果、香蕉、梨子、葡萄、西瓜。那么，假如你现在很渴，你会毫不犹豫地拿出西瓜吃；假如你想吃甜的，你就会第一选择吃苹果；假如你饿了，你的视线会跟随香蕉。你需要什么，你就会选择什么。

当你没有认知的时候，你就没有办法做出判断，更不能进行选择。这时，你的思维是一个盲点，眼前是一片漆黑，你对任何事物都没有对错是非之分。所以，在人的思维形成的过程中，第一阶段是形成认知，先有概念再有判断。

举个例子，如果你拿着一瓶价值 18888 元的 XO 酒给一个从没见过世面的人，你觉得他会心动吗？如果你把一箱价值 20 元的普通白酒和这瓶 XO 酒放在一起让他选，他肯定会选那箱普通的白酒，因为他觉得一箱比一瓶多，一箱酒一定更值钱。因为他对 XO 酒完全没有认知，他不认为这是一种高档的、可以代表社会地位的洋酒。

再举个例子，如果你到大街上拦住一位从不懂画、也不知道名画价值的人，告诉他你要送他一辆价值 10 万元的车，他一定会高兴得跳起来。这时，你再拿一幅达·芬奇的名画给他，告诉他你不送他车了，要送他这幅画，那他一定会觉得你在耍他，可能还会跟你打起来。他不知道达·芬奇的一幅画值一亿美元，能买多少辆价值 10 万元的汽车！当他对达·芬奇的画没有认知的时候，他很难做出明智的选择。

　　一个人对事物没有认知就没有判断，没有判断就不能做出正确的选择。所有人思维的开启，都是从不知道到知道，都是从打开认知开始的。有了认知，才有了判断是非对错、做出选择的基础。

生成主见

生成主见是一个人成长的过程中非常重要的一个阶段，也是思维进化过程中最核心的一个层次。有思想、有主见，是成熟的成年人的重要标准，而生成主见可以被视为一个人迈向成熟的开始。

当你对事物有了基本的认知后，就会进入思维进化的第二个层次，我们把这个层次叫作"生成主见"。所谓"生成主见"，就是说当你对一个事物的本质形成了认知，认识到事物的全貌之后，你会生成自己的意见、判断、看法。这些看法可能是主观的，也可能是客观的；可能是对的，也可能是错的。但是，无论如何，你已经有了自己的主见。当你有主见之后，你就会按照自己的思维去思考，有了自己的思想。当你有了自己的思想，你就会做出自己的选择，就有了自己的坚持。

生成主见是一个人成长的过程中非常重要的一个阶段，也是思维进化过程中最核心的一个层次。有思想、有主见，是成熟的成年人的重要标准，而生成主见可以被视为一个人迈向成熟的开始。从这个角度来说，企业的管理者必须有自己的主见。对一个公司的管理者来说，只有坚持自己的主见才会有领导力，因为他有很强的认知能力，能做出适当的判断，有取舍的标准，于是就有了自己的立场，有了自己的坚持。这时，他再发表意见，别人就会愿意接受。相反，如果一个人没有独立的思想，缺乏主见，那他连自己的观点都没有，又谈何领导别人？

再举个例子，孩子在三四岁的时候，父母说什么就是什么，让他做什么他就会做什么，因为在这个年龄，他只认识爸爸妈妈爷爷奶奶，最熟悉的就是这些家里人。到了十四五岁的时候，很多孩子就不再像以前一样听家长的话了，变得非常难管，我们把这个阶段称为"叛逆的青春"。为什么会叛逆？是爸爸妈妈对他不好了吗？不是，对他还是那么好，但他就是变得不再听话了。这是因为孩子成长了，他在经过十几年的观察社会后，产生了自己的想法，有了自己的判断与主见。可能他的判断与父母的思想不一样。以前，他只有认知，但他没有自己的判断，所以会听父母的话，父母让他把苹果拿过来，他就会把苹果拿过来。甚至父母让他去抢别人的东西，他也会照做，他不知道这样做是不对的，是会伤害到别人的。当他长大之后，父母再让他去抢别人的东西，他可能就不会去做，因为他知道这是一种无耻的行为，是不对的。当他生成主见之后，他就会更愿意做自己认为正确的事情。于是，当他的观念与父母的观念重合的时候，在父母眼里，他就是听话的孩子；但当两种观念不重合的时候，父母就会觉得他变得不听话了。这时，我们需要的是引导他到正确的观念上来，让他明辨是非，形成正确的主见，让他拥有诚实、善良、正直、勇敢的美好品质与真善美的心灵，这才是对孩子最好的培养。

当孩子长大之后，如果你发现他不听话了，你不要伤心、不要难过，你要为他高兴，因为他有了自己的观念，这是孩子的成长，也是孩子的蜕变，是一件值得骄傲的事情。如果一个人到了 20 岁或者 30 岁，还没有自己的主见，没有自己的思想，那么，这个孩子岂不如同傻瓜一样？这才是为人父母者真正的悲哀。

发现本质

我们要抓住事物的本质，识别出主见的对错，然后摒弃错误的主见，提炼正确的主见，从而形成真正的主见，形成判断是非的正确标准。发现本质之后，人才能形成正确的观点、正确的思想，才能拥有解决问题的能力。

形成认知、生成主见之后，我们的思维就进化到了第三个层次——"发现本质"。

当一个人生成主见之后，就会根据自己的主见做出相应的行为。这时，我们会发现，人的主见有对的，也有错的。同样是炒股票，有的人赚得盆满钵盈，有的人却亏得倾家荡产，恨不得去跳楼。同样是买房子，有的人买了以后连涨数十倍；有的人买了之后，房价却连连下跌。同样是开公司，有的人把公司经营得非常好，深受投资人的青睐，甚至登陆纳斯达克、纽交所；有的人却开不了多久就关张大吉。这时，我们的思维就要继续进化，我们要抓住事物的本质，识别出主见的对错，然后摒弃错误的主见，提炼正确的主见，从而形成真正的主见，形成判断是非的正确标准。发现本质之后，人才能形成正确的观点、正确的思想，才能拥有解决问题的能力。这时，我们就进入了思维的第三个层次。

只有发现了本质之后，我们才能具备区分事物对错黑白的能力，才能做出正确的判断与选择。

举个例子，牛顿发现万有引力的故事人人皆知。长期以来，牛顿认为，一定有一种神秘的力存在，是这种无形的力拉着别的星球围绕着太阳旋转。但是，这到底是怎样的一种力呢？传说 1665 年秋季，牛顿坐在自家院中的苹果树下思考问题。这时，一只苹果恰巧落下来，它落在牛顿的脚边。引起了牛顿的注意，牛顿从苹果落地这一司空见惯的现象中找到了苹果下落的原因——引力的作用，这种来自地球的无形的力拉着苹果下落，正像地球拉着月球，使月球围绕地球运动一样。经过无数次实验之后，牛顿终于发现了万有引力定律。

对牛顿来说，"苹果落地"是一个现象，通过对这个现象的观察，牛顿发现了其本质，于是就发现了万有引力定律。而这个伟大的万有引力定律，又影响了人造卫星等一系列新事物的出现，推动了科技的创新以及航天技术、航空技术的发展，为人类社会的发展与进步做出了卓越的贡献，在历史上留下了浓墨重彩的一笔。

科学家具备了发现本质的能力，才推动了科学技术的发展。生物学家具备了揭开生物细胞密码的能力，才成了伟大的生物学家。从中，我们可以发现，发现本质是思维进化的一个高层次的突破。一旦一个人发现了事物的本质，就不会做出错误的判断，也会大幅度地提高对事物发展的预见性。

颠覆创新

颠覆创新的能力是在认识本质的基础之上进行升华，从而形成的一种更高级别的、升级思维的能力，它是思维进化的第四个层次，是思维的一种较高的境界。当你具备了颠覆创新的能力，也就具备了引领未来的能力。

当我们发现事物的本质之后，同时又会具备另外一种能力，那就是颠覆创新的能力。

在互联网时代，我们看到很多颠覆创新的案例，苹果的创新颠覆了手机行业，滴滴的创新颠覆了出租车行业，阿里巴巴的淘宝颠覆了线下购物……事物就是在颠覆和创新中发展的，企业只有创新才能拥有核心竞争力，只有创新才能成为行业中的佼佼者，只有创新才能创造出更大的价值，只有创新才能获得更大的利润、赢得更多的市场占有率。但是，为什么有些企业能成功创新，有些企业却只能山寨、模仿？为什么有些企业的创新付出了极大的代价却走向失败，有些企业的创新却赢得了丰厚的利润？因为创新这种能力，只有在发现本质并形成正确观念之后，才能够真正地形成。也就是说，建立在对事物本质的深刻理解上，你才能实现颠覆，完成升级，进而制定出更加有力的竞争方案，找到高效解决问题的答案，才能寻找到下一个未来。如果你的认知不能发现事物的本质是错的，你的颠覆就是错的，即使你再有创新精神，也只能把企业引向失败。

颠覆创新的能力是在认识本质的基础之上进行升华，从而形成的一种更高级别的、升级思维的能力，它是思维进化的第四个层次，是思维的一种较高的境界。当你具备了颠覆创新的能力，也就具备了引领未来的能力。

所有的颠覆创新都是从思维开始的，卫星最初源于人们的想象，飞机最初也源于人们的想象，所有科技的进步、企业的发展、产品的研发，都是在认识本质的基础上，在具有创新精神的前提下，才最终出现的。思维的创新是第一步，产品的创新是第二步。

举个例子，我们都知道，乔布斯被苹果公司的董事会开除之后又重新回到了苹果担任CEO，此时的苹果公司正面临巨大的危机，甚至有可能破产。所以，摆在乔布斯面前的是一个巨大的难题：怎样才能快速让苹果重回辉煌，让世界再次认识苹果？当时的时代是摩托罗拉、诺基亚与三星雄霸天下的时代，苹果靠什么谋求生存呢？经过思考和创新，乔布斯天才般地研发出苹果手机，这款横空出世的全新手机只用了很短的时间就把摩托罗拉、诺基亚、三星甩在身后，一骑绝尘，引领了世界手机行业，获取了手机行业90%的利润。

苹果手机的创新从哪里来？它不是诞生于富士康的代工厂，而是诞生于乔布斯的大脑之中。它是乔布斯思维认知创新的产物，正是有了思维的颠覆创新，才引领了产品的创新，引领了时代潮流，把苹果送到了科技之巅、财富之巅，让苹果成为世界上最赚钱的公司。

我们常说，企业的发展要靠创新精神来推动。如果各行各业的人都具备颠覆创新的能力，不再一味地模仿跟风，那么，就会有源源不断的创新成果涌现出来。

提炼规律

> 当一个企业家懂得如何提炼规律的时候，他就能穿透现象看到本质，进行一次又一次的颠覆创新。无论他从事什么行业，都能驾轻就熟。无论他做什么事情，都能游刃有余。

颠覆创新之后，思维的进化就进入了一个高级阶段，也就是思维的第五个层次，我们将其称之为"提炼规律"。

思维是有其运行规律的，我们需要把它总结出来。世界上有很多规律，这些规律都是建立在对现象与本质的思考之上的，是对事物颠覆创新规律的一种总结。所以，社会的每一次发展、科技的每一次创新，都是规律的升华。

提炼规律是思维进化的一个重要阶段，当你能提炼出规律的时候，就意味着你具备了一种核心能力。这时，搞科学的人能成为科学家，搞教育的人能成为教育家，搞企业的人能成为企业家。当一个企业家懂得如何提炼规律的时候，他就能穿透现象看到本质，进行一次又一次的颠覆创新。无论他从事什么行业，都能驾轻就熟。无论他做什么事情，都能游刃有余。就像马云十分擅长提炼规律，所以，他做淘宝、支付宝、天猫、聚划算都大获成功。

毫不夸张地说，一个企业家的思维如果能上升到提炼规律的层次，他做什么都会成为无冕之王，他会毫不费力地引入化境。而那些思维没有进化到这一层次的企业家，你会发现，他从事酒店业就只会管理酒店，从事服装业就只懂得服装的营销，从事餐饮业就只知道搞餐饮，他不能举一反三，更不能将成功复制。因为他们还处于事物认知的经验层面，还没有上升到发现本质、提炼规律的层面。

所谓的人生赢家，一定是懂得把握规律的智者。那些令人敬仰的思想家、哲学家、物理学家、生物学家，都是对各行各业的本质提炼到至高至纯，从而形成了思想，构建起完善的价值体系，然后教大家运用这些规律，指导我们的生活，指导企业运营，从而提高效率，获得更好的结果。所有的顶级企业家，都是达到了思维进化的第五个层次——提炼规律，才能反哺社会。

举个例子，我们常说孔子是万世之师表，我也曾写过一首诗——"聚圣贤之志，造天地英才，承千秋伟业，立万世师表。"这是一个对人生规律的总结。孔子在总结自己人生经验的时候，也提炼出一个人生规律："吾十有五而志于学，三十而立，四十不惑，五十而知天命，六十而耳顺，七十而从心所欲，不逾矩。"我简单解释一下这段话：15岁的时候立志求学，追求学问的精深；30岁能立足于世，40岁遇到事情不再感到困惑；50岁就知道哪些是不能为人力支配的事情而乐知天命；60岁时能听得进各种不同的意见；70岁可以随心所欲却又不超出规矩。

孔子的人生规律可以指导我们的人生，告诉我们当一个人处于人生不同阶段的时候，就要有不同的追求。年轻的时候要有志于学。30岁的时候要能独立做事情，比如创业开公司。40岁的时候要对自己的

人生有清醒的认识，知道对人生目标应该追逐或放弃。到了 50 岁的时候，接受现实，不再抱怨、愤懑。60 岁的时候保持健康，回归生活的简单。到 70 岁的时候，活出天真、活出快乐、活出人生的真善美。

　　为什么孔子对人生的理解能流传千古、成为经典名言呢？因为他提炼出在各个阶段人生的不同规律。像我们现在知道的很多哲学家、科学家，之所以能留下不朽的成就，都是因为他们的思维达到了提炼规律的阶段，为人类总结出了许多宝贵的规律。

出神入化

　　进入第六层次的人，从此就可以不拘一格，随心所欲，收放自如，达到登峰造极的境界。

　　思维的第六个层次是"出神入化"，这是思维进化的最高境界。进入这一层次的人，从此就可以不拘一格，随心所欲，收放自如，达到登峰造极的境界。

　　举个例子，王羲之被称为"一代书圣"，他写的书法气象万千、笔法各异，飘洒俊逸还兼具气势磅礴。《兰亭序》是王羲之的经典之作，被后人誉为"天下第一行书"，被历代书法家敬仰，作为所有书写者临摹的入门字帖。这篇"遒媚劲健，绝代亘古"的序文体现出了他的书法风格，21个"之"字各有姿态，无一雷同，正所谓，字字不同样、字字有神韵、字字有精神。用笔以中锋为骨，藏锋露锋含蓄毕露，互相衔接，或大或小，随手而出，蕴藏着作者深厚的笔墨技巧及高深的文化底蕴，达到了出神入化的层次。

　　再举个例子，李白曾经写过一首朗朗上口的诗，在中国几乎每个人都会读——"床前明月光，疑是地上霜，举头望明月，低头思故乡"。这首诗读起来非常简单，但你仔细品味之后就会发现，这首诗既简单又随心所欲，婉约、淳朴又自成一体，而且耐人寻味，最关键的是浑然天成。从这首诗就能看出，李白在写诗的时候没有经过苦思，也没有经过冥想，完全是信手拈来。换一个人，恐怕就是想三天三夜也想不出来。因为李白已经完全打破了规律，他已经进入化境，进入思维的巅峰状态。

总而言之，起初我们对事物的认知就像一个呱呱坠地的孩子，没有判断，没有认知，不知道对错，不懂得黑白；然后，才从不知道到知道，从知道到形成主见和判断；最后，发现本质；在抓住本质之后进行颠覆创新、创造；融会贯通后，再提炼出规律；当达到最后一层境界时，再打破规律，登峰造极、出神入化。我们思维的进化都经过了这样一个从低纬到高纬的过程。

从思维进化的六个层次，我们也能深入地理解：一个人的思维决定了一个人的行为，一个人的行为决定了其人生的结果。我们想要改变一个人的人生结果就要改变一个人的行为，要改变一个人的行为，首先要改变其思维。所以，思维是人生核心的原动力，思维是人生价值的本源。

穷人和富人之间最大的区别是什么？"一千个读者有一千个哈姆雷特"。对于这个问题，人们也会给出无数个答案。但是，这两者之间的本质区别在于思维的模式和方法。决定你收入多少的不是你从事什么工作，而是你如何思考。因此，如果你想成为一个成功的总裁，就应该学习成功总裁的思维方式。

第十一章

成功总裁的思维特质

与时俱进，顺势而为

所谓天下大势，顺之则昌，逆之则亡！顺应趋势，会大大增加成为成功总裁的机会；不懂趋势，被淘汰了都还不自知。正如前央视主持人张泉灵所说的：时代抛弃你时，连一声"再见"都不会跟你说！

每个时代都有自己独特的财富创造方式。20世纪80年代改革开放初期，那些敢于抛弃公职下海经商的都富有了。到了互联网时代，互联网创业的也都赚了。趋势意味着机会和财富，成功的人士都明白这个道理，抓住了一个趋势，也就等于挖到了一座宝藏，获得大量财富只是顺其自然的事。

1975年，一位来自西雅图的年轻人与他的朋友在新墨西哥州共同创立了一家公司，他们的构想是"让每一张办公桌和每一个家庭都拥有一台计算机"。在那个只有极少数人才知道个人计算机究竟为何物的年代，这个构想意味着信念与胆识的一大飞跃。如今，这家公司仍在高速运转着，延续着昨日的辉煌，创造出一个又一个新的软件神话。这就是"微软"，这位年轻人就是比尔·盖茨。

比尔·盖茨有关个人计算机的远见和洞察力一直是微软公司在软件业界成功的关键。比尔·盖茨积极地参与微软公司的关键管理和战略性决策，并在新产品的技术开发中发挥着重要的作用。在比尔·盖茨的领导下，微软不断提高和改进软件技术，并使人们更轻松、更经济有效而且更有趣地使用计算机。

微软公司前首席执行官兼总裁史蒂夫·鲍尔默曾经说：微软之所以能成为世界上最有价值的科技公司之一，主要是因为比尔·盖茨的雄心壮志。1980年，在加盟微软仅一个月后，鲍尔默便萌生了辞职的念头。比尔·盖茨竭力挽留，并充满激情地向他描述了公司的发展前景。"比尔为了挽留我，这么对我说：'你没明白，你没明白，你没明白！我们将要在每户人家的每张桌子上都放上一台电脑。'"从这点来看，微软无疑是成功的。

1995年，比尔·盖茨荣登福布斯富豪榜冠军宝座，就在同一年，作为高科技化身的他亲自撰写了轰动一时的书——《未来之路》，这本书与其说预测了微软和科技领域的未来走势，倒不如说是为人们描述了未来数字生活的景象。

当时，比尔·盖茨说："虽然现在看起来这些预测不太可能，甚至十分荒谬，但我保证这是本严肃的书，绝不是随随便便的戏言。10年后，我的观点将得到证实。"

"未来的某一天，当你回到家中，向挂在墙上的多媒体电子屏幕发出'开机'指令后，屏幕开始播放你所热衷的体育节目。这时，你在商场所购商品的条形码自动输入屏幕，电脑通过存储的价格信息，告知你是否被'宰'。""在公众场合，无处不在的指纹识别系统、摄像头将你的活动信息记录下来，储存在家中电脑上。"这就是比尔·盖茨想象的未来社会，而且部分景象已经在他名为"未来小屋"的家中实现。他认为，人类的现有生活将在10年内被彻底颠覆。此外，比尔·盖茨也在关注手机及无线互联网的发展、电视方面的革命以及人工智能等领域。《未来之路》是当年最畅销的书之一，在二十多个国家出版，仅在中国就售出四十多万册。

1996 年，为充分利用因特网带来的商机，比尔·盖茨对微软进行了战略调整；与此同时，他又全面修订了《未来之路》。在新版本的《未来之路》中，他认为交互式网络是人类通信历史上一个重要的里程碑，再版平装本同样荣登最畅销图书排行榜。

在不断洞悉行业发展趋势的同时，比尔·盖茨带着微软进行了一次又一次的"赌博"，赌资就是微软的全部家当。幸运的是，他一次又一次"豪赌"，一次又一次取胜。微软将竞争对手远远地甩在身后，得意地享受着领跑的喜悦。

如果比尔·盖茨不能把握个人计算机未来的发展趋势，他也不过是众多程序员中的一员，日复一日地敲代码赚薪水，过着普通的日子，今天大众也不会认识他。

小米的创始人雷军同样是一个善于抓住趋势的人。雷军一直非常关注手机行业，手机行业的任何变革都被他尽收眼底。2007 年底，苹果公司推出了一款颠覆性的手机产品 iPhone，全世界都在为这款手机疯狂，而且整个手机产业几乎被完全颠覆，诺基亚、摩托罗拉等巨头突然从领先者沦为追赶者——乔布斯完成了对手机的又一次革命。

作为乔布斯的忠实粉丝，雷军第一时间就买了 iPhone。iPhone 极简的外形设计给雷军留下了深刻的印象，iPhone 将软件、硬件和移动互联网结合在一起的模式也让他感觉到新奇和震撼。与此同时，雷军敏锐地意识到一个新的时代将要到来：手机将会替代电脑，成为大众最常用的终端。他曾经开玩笑说："我是中国最早说出手机将真正代替电脑的人，但大家都听不到，直到软银孙正义说了才算数。"

雷军也一直认为苹果的巨大成功，正是基于顺应了移动互联网这一时代潮流。在移动互联网时代，手机不再简单地只是一部手机，而更像一台掌上电脑。传统的手机厂商因为没有意识到这一点，仍旧在传统手机的概念中大做文章，被最早察觉出变化并顺势而为的苹果迅速打败，是很自然的事情。

雷军相信，随着手机用户的大规模增长，移动互联网一定能成为未来的趋势。紧接着，雷军一边观察着大方向，一边陆续投资了二十多家公司。很多他投资的公司，都在非常短的时间内取得了成功，他也成为投资界"万无一失"的传奇天使。将近四年的投资生涯，让他渐渐感觉到把握趋势的好处，做事也更讲究"顺应天意"。

2010 年，雷军发现，移动互联网在全球才刚刚开始，这是一个千载难逢的机遇，他终于找到了这个"猪也能飞上天"的风口。这个时候，雷军已经观察了移动互联网 5 年的时间，看过了国内所有的手机厂商，但一直没有找到令他满意的终端。再加上，基于对整个手机行业的了解，雷军一直认为大屏幕智能手机就是这个时代最大的机会。

雷军曾说："再次创业一定要满足我喜欢、我擅长这两个条件，而且有足够大的市场机会。"2010 年 4 月，他突然意识到自己重燃梦想的时机成熟了。于是，这个不折不扣的"手机控"选择了大屏幕智能手机兴起的这个最大的风口，决定顺势而为，最终自然而然地走上做一款拥有"死忠发烧友"的顶级智能手机这条道路——2010年4月6日，小米诞生。

如今，小米已经上市，成为一个庞大的商业帝国。2017年，小米年收入达到1146亿元，与全球收入超过1000亿元且盈利的上市公司相比，按收入增长的速度计算，小米在互联网公司中排名第一，在所有公司中排名第二。

在接受凤凰财经《总裁在线》专访时，谈及创业过程是否走过弯路，雷军说："觉得自己一直不能大成，就是受我们传统教育的妨碍。我们传统教育鼓励聪明孩子，只要聪明加勤奋，就能天下无敌。但是，事实上……我已经非常清楚，光靠勤奋和努力是远远不够的。"在他看来，"风口甚至是必备，是大成的前提"，因为如果选错了方向，就像在盐碱地上种庄稼，光有勤奋，也很难收获。

雷军终于明白只有在看清行业发展趋势、选准道路之后，再去埋头苦干，才有大成的可能。也是在这个趋势中，雷军说出了"站在风口上，猪都会飞"的著名言论，这一句话也被很多人引用，被认为是对趋势造富的一个非常经典而又形象的阐释。

所谓天下大势，顺之则昌，逆之则亡！顺应趋势，成为成功总裁的机会大大增加；不懂趋势，被淘汰了都还不自知。正如前央视主持人张泉灵所说的：时代抛弃你时，连一声"再见"都不会跟你说！

与时俱进，顺势而为，这是所有成功总裁都具备的思维特质。"好风凭借力，送我上青天"，进入一个趋势行业，就等于坐上了高铁，你就能用比别人快10倍、100倍甚至一万倍的速度赚钱。

善于学习，勤于思考

也许你没有能力决定别人的高度，但你完全可以决定自己的高度。你唯一可以掌控的竞争力，就是自我学习能力。

众所周知，李嘉诚只有小学学历，但正是这个曾经在茶楼里端茶送水的打工者却能通过自己多年的奋斗，积累了无数财富，这实在是令人难以置信！低学历成就大富豪，他靠的是什么？离不开两个字：学习。

你能想象如果李嘉诚什么都不懂，他能创造出如此巨额的财富吗？当然是不可能的。事实上，他可能懂得比任何人都多，因为他学的也可能比任何人都多。他虽然上学少，没有高学历，但他一直都在持续不断地学习。

13岁的时候，李嘉诚的父亲不幸去世了。失去了顶梁柱以后，家里再也没有钱供他读书了。于是，李嘉诚只能辍学回家，用他稚嫩的肩膀承担起家庭的重担。因为他年纪太小，找工作非常困难，最后只有一家茶楼愿意接受他，这就是他的第一份工作——茶楼里的跑堂。

每天早上天还没亮的时候，李嘉诚就要从床上爬起来，扫地、拖地、准备开张。等到了开门营业的时间，他又要开始倒茶、招呼客人、擦桌子……一天下来，几乎没有歇脚的时候。茶楼里来来往往的人很多，大多数都是来谈生意的。虽然忙得不可开交，李嘉诚还是会抓住每一分钟的空闲时间，认真观察、学习别人是怎么做生意的。

每天，李嘉诚都在努力学习。睡觉前坚持读半小时的书，每天早晨 5:59 起床，雷打不动，不管晚上几点睡觉，因为要听早上的新闻广播。

李嘉诚的学习涉猎非常广泛，各种有益的知识都能像海绵一样不知疲倦地汲取。除了英语，他喜欢阅读中文古书，从《曾国藩家书》《论语》《老子》等传统中国古典著作中学习到很多为人处世的哲学。而且，李嘉诚从小还有两个良好阅读习惯。第一，不看"没有用"的书，即使内容再有趣味性。除了《三国志》与《水浒传》，他基本上是不看小说的。第二，即使没有趣味，如果有用也要看，而且看出趣味和学问。

正是这种持续不断地学习，让李嘉诚在进入塑料贸易公司之后，年纪轻轻就被老板任命为经理、总经理。一天，工厂老板要发一封信，可文书（秘书）却生病请假，而这封信又等不得，老板只能问职员们，谁比较会写信，字写得好一点。四五个职员都一致推荐李嘉诚，老板起初并不放心这个 17 岁而且没有受过什么正规教育的少年，但迫于无奈，抱着试试看的心态让他写。没想到，此信发出后，收信人对这封信赞不绝口。因为这次偶然的机会，老板才开始对李嘉诚另眼相看。因而，李嘉诚成了后来的经理、总经理。

学习也帮助李嘉诚找到了创业的好机遇。他创办的第一家工厂，其判断依据就是来自长期阅读的《当代塑料》。当时，通过长期阅读有关英语报刊的资料，李嘉诚的视野已经放眼全世界了。他预测，第二次世界大战之后，世界迈向新一轮的经济复苏以及人口成长，必然会使塑料制品的市场需求进一步扩大。所以，当老板结束工厂业务的时候，李嘉诚认为机不可失，决定自行创业，从此开始了自己的创富之路。

另外，在创业初期，李嘉诚就已开始接触一些财务型的投资，主要是购买一些华尔街上市公司的股票，包括做引擎的、潜艇的工业企业。他投资的一个原则是：只买自己看得懂并且看好的企业。每次买入一个公司的股票之前，他都会仔细研读他们的财报，研究他们的商业规则。华尔街上市公司的财报因此成为他的英语老师、商业教练，也是他的私人投资获利来源。

李嘉诚曾经投资过世界上最牛的社交网站Facebook，赚了二十多亿美元。一个老人竟然能对新兴的科技公司这么有洞察力，甚至超过很多年轻的富豪，无疑就是得益于他每天对各种知识、各种信息的猎取和学习上。

现在，李嘉诚已经九十多岁了，却依然坚持自学不辍，回家之后仍然坚持做两项功课，一项是晚饭之后看电视学英语，一项是睡觉之前的阅读。通过刻苦的学习，在同一代华人商业领袖中，李嘉诚不但是拥有超强英语能力的人，而且也对资本市场，尤其是对国际资本市场拥有更多的了解，并且因此拥有更广阔的经济和经营视野。或许正是这个原因，他才得以在实业和资本之间建立起更好的沟通桥梁，进而率先找到以资本运作实业的成功密码。

李嘉诚曾经说过："在知识经济的时代里，如果你有资金，但缺乏知识，没有最新的信息，无论何种行业，你越拼搏，失败的可能性越大；但是，你有知识，没有资金的话，小小的付出就能得到回报，并且很有可能达到成功。现在跟数十年前相比，知识和资金在通往成功的道路上所起的作用完全不同。"这可以说是他对学习创造财富的最好阐释。

不只是李嘉诚，很多顶级富豪都有终身学习的习惯。根据比尔·盖茨自己的估计，他坚持每星期读一本书长达 52 年，其中许多书与软件或业务无关。整个职业生涯中，他每年安排两周时间作为阅读假期。谷歌创始人之一拉里·佩奇常常花时间与他遇到的每个人深度交流——从谷歌门卫到核聚变科学家。他一直在向别人学习。"股神"沃伦·巴菲特认为他成功的秘诀是：每天读 500 页的书。这就是学习知识的方法。知识需要积累，就像复利一样。亚马逊创建者杰夫·贝佐斯一生都是一个狂热的阅读爱好者。史蒂夫·乔布斯则把自己的博学变成了苹果公司的竞争优势，他甚至说："仅靠技术是不够的。技术与艺术的结合，再融合人文科学，才会产生让我们心动的结果。"

当然，拥有这个特质的成功总裁不限于这几个顶级富豪，如果把这个名单扩展到其他白手起家的亿万富翁，我们可以看到许多人都有着相似的学习习惯。

为什么这些世界上最富有、最忙碌的人会投入他们最宝贵的资源——时间，来学习很多与他们的领域看似并无关联的知识，比如核聚变能源、字体设计、科学家传记和医生的回忆录？为什么他们要坚持学习？答案在于：处于最高层次时，学习并不是为工作做准备。学习是最重要的工作，它就是你的核心竞争力，是你永远不能委托别人做的事情，它是长期绩效和成功的核心驱动力之一。

在这个信息更替快速的时代，不学习就意味着不进步，当你原地踏步的时候，你的对手正在积极地汲取新知识、新理念。阿里·德赫斯曾经说过："比你的竞争对手学习速度更快，可能是唯一可持续的竞争优势。"

也许你没有能力决定别人的高度，但你完全可以决定自己的高度。你唯一可以掌控的竞争力，就是自我学习的能力。学习，可以让你的理解能力更强，发现机会、把握机会的能力更强。发现的机会越多，赚钱的机会自然也就越多。

居安思危，保持警惕

> 有危机感的人，不太容易失败；没有危机感的人，很容易被击败。危机感会迫使你努力，让你富起来，也会让你保持警惕继续富下去。时刻居安思危，才能长久地立于不败之地。

美国康奈尔大学的一个实验室曾经进行过一次著名的"青蛙试验"。实验人员把一只青蛙放进了盛满滚烫开水的大锅里，青蛙立刻像触电一样从锅里蹿了出去。后来，实验人员又把这只青蛙放到一个装着凉水的大锅里，让它在里面自由自在地游动，然后在锅下点火，对其慢慢加热，锅里的青蛙虽然能感觉到外界的温度在逐渐发生变化，但因为惰性的原因却没有像上一次那样立即往外跳。直到热度越来越高，难以忍受了才奋力挣扎，想要逃生。但是，这个时候它已经失去了逃生的能力，渐渐被煮熟。

第一次，这只青蛙之所以能够顺利脱险，是因为它直接感受到了沸水的剧烈刺激，在第一时间使出浑身的力量跳了出来。在进行第二次实验的时候，青蛙因为在一开始并没有感觉到明显的刺激，失去了警惕性，当它感觉到危机正在到来的时候，早就已经没有能力从水里逃出来了。正是因为没有危机意识，青蛙丧失了性命。

在商业社会中，充满了各种各样的机遇，但也到处充满着竞争和危机。竞争的环境给有实力的人提供了挑战和锻炼，而充满危机的世界给那些能够适时把握命运的人提供了发展的契机。企业家在商海中浮沉，如果多一些危机意识，就能更好地把握住机会并赢得竞争优势。然而，如果安于现状或者盲目乐观，就会很容易在安逸的生活中渐渐失去危机感及紧迫感，最终成为那只可怜的青蛙。

1994 年底，英特尔面临一个危机，这个危机是由一个数学教授引起的，这位教授向外界透露了英特尔芯片的一个问题：他在研究一些复杂的数学运算时，机器出现了除法错误。英特尔对此的解释是：这是由于芯片的设计上有一个小错误，使计算机在 90 亿次除法运算中会出现一次错误。

接下来，多事的 CNN 制作了一个短片，详细而准确地报道了这件事。随后，美国各大媒体开始大规模报道此事。一个月之后，IBM 宣布将装有奔腾芯片的计算机停止出厂。

至此，英特尔已经创立 26 年，一直因"每 18 个月推出新芯片"而成为业内楷模，英特尔也由此成为信息革命中"速度"的代名词。但是，在媒体对这件事的报道中，他们突然发现整个英特尔处在指责和怀疑之中。

一向洋洋自得的英特尔不得不承认一种现实：自己面对的，不再是一个处理器的浮点缺陷，而是整个业界与消费者对英特尔的信心。意识到问题的重要性后，英特尔立即改变它的应对措施，不再解释这种错误有多大，而是果断做出决定：免费为所有用户更换所有问题芯片。

在花掉了近五亿美元之后，英特尔将这场风波平息下来了。危机过后，英特尔对自己提出了两个问题：第一，是什么因素使一个小小的浮点错误最终导致 5 亿美元的损失？第二，奔腾处理器的浮点问题是一个孤立的事件，还是发展道路上遭遇转折的信号？

一年之后，英特尔的总裁安迪·格鲁夫对此得出的结论有两个。第一，"IntelInside"策略改变了用户与英特尔之间的关系。消费者相信，只有装了英特尔处理器的计算机才是"最优"的计算器，当处理器出现问题的时候，用户不去找 IBM 这类的计算机制造商，而是直接找英特尔。第二，英特尔的产业地位。英特尔的快速增长使它成为世界第一大处理器制造商。过去是英特尔受控于生产商，而现在则是英特尔在控制生产商。这两大因素结合在一起，已经使英特尔不再是一个简单的"芯片制造商"，英特尔的游戏规则已经改变："IntelInside"使它已经成为一个消费品牌，而消费品牌意味着它不再只与制造商打交道，出了问题就不再是产品问题，而是对品牌信心的问题。

当安迪·格鲁夫清楚地意识到这种"新规则"的存在后，他感到"出了一身冷汗"，他向英特尔的员工大声呼喊：浮点问题不是一个孤立的事件，而是英特尔忽略的却正在发生重大转变的一种征兆。正是在这种认识的基础上，英特尔公司主动进行了战略转折，从而避免了自己的衰亡。

后来，安迪·格鲁夫在他的自传《只有偏执狂才能生存》一书中说，"商业成功包含毁灭自身的种子"。因为商业环境的变化不是一个连续的过程，而是由一系列转折点组成的。一家企业运营的基础突然发生转变并且没有任何预先的警告，这些转折点的出现既可能意味着将会带来新的机会，但也有可能是终点的序幕。因此，经历一个战略转折点的时候，就意味着混乱、不确定和无序。一场危机对于一个企业而言，就像生一场病，只有预警以及防范机制强大的企业才能成功地应对。

比尔·盖茨曾经有一句闻名于世的话："微软离破产永远只有18个月。"如果没有这样强烈的危机意识，微软或许早就已经被市场淘汰。张瑞敏也提倡"每天都如履薄冰、每天都战战兢兢"的理念，才有了海尔今天的辉煌。

李嘉诚在接受记者采访的时候，声称自己会花90%的时间考虑失败，他曾说："往往我会花90%的时间考虑失败，我不停地研究每个项目可能出现的问题，这就好比在风和日丽的时候驾船远航，在离开港口时，我一定要想到，万一台风来袭之际应该如何应对。"记者问："一般人满脑子都在想怎么成功，您为什么要花90%的时间去考虑失败呢？"李嘉诚沉稳地说："一定要想到失败，只有把每一个细节、种种失败的因素都考虑到了，成功的把握才会越大。"正是这种随时会面临失败的危机感，使他在创业至今的六十多年中，虽历经多次经济危机，企业却从没在任何一年亏损过。

危机感如同一个老师，会教你提前预见、提前防范潜在的危险，也会不断鞭策你学习、进步、提高。否则，你就会落后、会受到惩罚。

有危机感的人，不太容易失败；没有危机感的人，很容易被击败。危机感会迫使你努力，让你富起来，也会让你保持警惕继续富下去。时刻居安思危，才能长久立于不败之地。

资源整合，合作共赢

从动态和辩证的角度看，只有发挥已有资源的作用，获得认可和回报，才能进一步地积累资源。资源，只有动起来，才能更好地积累；资源，只有通过积累，才能更好地动起来，获得更多的价值回报。

现代社会是一个资源整合的社会，有人说，成功的企业家就是能把各种资源成功整合在一起的人。成功总裁都是善于整合资源的人。学习整合资源这种思维，可以提升我们做事的格局和眼光。

每个人都有若干资源，否则就无法生存。任何一个人都会拥有某种技能、经验教训（市场的、技术的、创业的……总有自己比较独特的东西）、理论知识，或者拥有一些熟人、朋友，这些都是资源。

你的价值就是你拥有的资源的价值。如何积累自己的资源，是一种重要的能力；如何充分发挥自己资源的作用，也是一种重要的能力。从动态和辩证的角度看，只有发挥已有资源的作用，获得认可和回报，才能进一步地积累资源。资源，只有动起来，才能更好地积累；资源，只有通过积累，才能更好地动起来，获得更多的价值回报。

俗话说：不识庐山真面目，只缘身在此山中。一个人对自己的资源未必会有准确的认识。分析自己的资源，把握积累资源的方向，有意识地发挥资源的效能，不使之无意义地闲置或衰退，这是我们每个人都需要好好思考的问题。

资源，最好的状态是形成核心竞争力，也就是把资源捏紧成一个拳头。

每个人的资源都很有限，要在职场中做事，就一定要学会整合别人的资源。什么都依赖自己，就没有现代高度发达的社会和经济生活。分工协作是人类生存和发展的第一条原理。那么，什么是资源整合？通过下面一个小故事，我们就能非常生动地理解资源整合的含义。

一个美国的乡村，住着一个老头，他有 3 个儿子。大儿子、二儿子都在城里工作；小儿子和他在一起，父子相依为命。

一天，一个人找到老头，对他说："尊敬的老人家，我想把你的小儿子带到城里去工作。"

老头气愤地说："不行，绝对不行，你滚出去吧！"

这个人说："如果我在城里给你的儿子找个对象，可以吗？"

老头摇摇头："不行，快滚出去吧！"

这个人又说："如果我给你儿子找的对象，也就是你未来的儿媳妇是洛克菲勒的女儿呢？"

老头想了又想，终于被儿子当上洛克菲勒的女婿这件事打动了。

过了几天，这个人找到了美国首富、石油大王洛克菲勒，对他说："尊敬的洛克菲勒先生，我想给你的女儿介绍个对象。"

洛克菲勒说："快滚出去吧！"

这个人又说："如果我给你女儿找的对象，也就是你未来的女婿是世界银行的副总裁，可以吗？"

洛克菲勒听后便同意了。

又过了几天，这个人找到了世界银行总裁，对他说："尊敬的总裁先生，你应该马上任命一个副总裁！"

世界银行总裁摇头说："不可能。这里这么多副总裁，我为什么还要任命一个副总裁呢，而且是必须马上？"

这个人说："如果你任命的这个副总裁是洛克菲勒的女婿，可以吗？"

世界银行总裁当然同意了。

…………

虽然这只是一个寓言故事，但我们依然能从中感受到资源整合的魅力。整合就是要优化资源配置，就是要有进有退、有取有舍，就是要获得整体的最优。

重视价值，价值为先

> 每个人都会为价值买单，也只会为价值买单。你有多大
> 的价值，你能创造多大的价值，你才会有多大的财富。

全世界投资者公认沃伦·巴菲特是有史以来最成功的投资者。他长期以来坚守价值投资理念，所经营的公司长期稳定复利增长，不断累积个人财富，曾经多次入围全球富豪排行榜的前三名。但是，虽然沃伦·巴菲特的价值投资理念深入人心，但真正理解其精髓的人并不多，能做到的更是少之又少。否则，今天一大部分人都应该成为富豪。

顶级富豪都深谙价值的意义，他们懂得只有价值才能带来财富。凡是一个人愿意花钱购买的东西，愿意接触的人、事、物，都是对自己有价值的。大多数时候，我们花的钱和时间都是在为别人积累财富。反过来，如果我们能让别人愿意为我们或我们创造的东西花钱、花时间，那么，我们也能富起来。

只有能创造价值的人才能成为富人，这是非常公平的事。

价值分为3个层次：一是对别人有用；二是比同类有用、好用；三是自己独一无二，其他任何人都提供不了这个价值。而最好的，往往就是唯一的，别人无法取代的。

当我们能为别人提供第一个层次的价值时，能赚到一些小钱。

当我们能为别人提供第二个层次的价值时，能赚到中等的钱。

假如我们能为别人提供第三个层次的价值时，我们就能赚到大钱，赚到更多的钱。比如，iPhone 是当下世界上最好用的手机之一，其他任何手机都取代不了它的价值。所以，苹果公司才能赚取智能手机市场上 90% 的利润。爱马仕品牌的包用的材质是最好的，价格最贵，但销售额却名列前茅，很多只卖几百元、几千元的品牌的包都远不如它，因为这些品牌都很容易被替代。

每个人都会为价值买单，也只会为价值买单。

你有多大的价值，你能创造多大的价值，你才会拥有多大的财富。

勇于创新，打破常规

乔布斯曾经说过：创新决定了你是领袖，还是跟随者。如果你缺乏创新精神，只会模仿，那么，人家吃肉，你也就只能喝点汤而已。对于白手起家的人来说，创新将是你逆袭成为富人的法宝之一。

关于创新，经济学上有很多经典的论述。美国经济学家熊彼特是创新理论的鼻祖，在 1912 年出版的代表作《经济发展理论》一书中，他首次提出了"创新"的基本概念。在他看来，企业家是经济发展的带头人，是创新的实践者，应该实现生产要素的重新组合，不断创新，发掘新的经济价值。管理学大师彼得·德鲁克也在奠定他"管理之父"地位的著作——《管理的实践》中提出——企业只有两种事情要做：一个是营销，一个是创新。到了 1985 年，德鲁克又集三十多年的经验，写了一部著作叫《创新与创业精神》。德鲁克认为，创新是企业家特有的工具，变化就是开创新的机遇。

创新思维也是成功总裁的必不可少的思维特质。乔布斯身上最显著的标签就是创新。iPhone 的诞生，颠覆了手机行业，开创了移动互联网时代，苹果随即成为全球市值最高的公司之一，将所有故步自封的传统科技公司远远甩在了身后，把曾经不可一世的手机霸主诺基亚逼上了绝路，这就是创新的力量。创新，是乔布斯救活苹果，并将苹果带到全球市值最高公司之一的撒手锏。乔布斯的伟大，不在于他创造了革命性的 iPhone 智能手机，而在于他身上的创新基因。他曾经说过：活着就是为了改变世界。他确实做到了，除了 iPhone，他创造的革命性产品还有这些：iMac、iBook、iPod、iPad 等。

历数全球企业的发展历史，我们会发现，每一个创新产品的推出，都会有一大批不思进取的老牌企业被淘汰，让一大批思维僵化的"老家伙"退出历史舞台，成就新的公司、新的富豪。柯达破产，诺基亚被收购，福特失去汽车"龙头老大"的宝座……这些曾经的行业霸主，都栽在保守、固执、不创新上。

诺基亚的辉煌成了过眼云烟，而两家以创新著称的科技巨头苹果和谷歌成了智能手机市场上新的霸主。创新精神的造富能力堪称第一。

拥有创新思维的人开拓了财富新大陆，在一片还没有太多竞争的土壤，他们能趁着这个机会大量赚取财富，成为富人是一件理所当然的事。

乔布斯曾经说过：创新决定了你是领袖，还是跟随者。如果你缺乏创新精神，只会模仿，那么，人家吃肉，你也就只能喝点汤而已。对于白手起家的人来说，创新将是你逆袭成为富人的法宝之一。

求乎其上，只做第一

古语云：求乎其上，得乎其中；求乎其中，得乎其下；求乎其下，几无所得。所以，请谨记，只要你成为第一，不用去找钱，钱会来找你，这是一个真理！

我们问高三学生这样一个问题："去年高考的本省'状元'是谁？"很多学生都会脱口而出，给出正确答案。

我们接着问："去年本省高考的第二名是谁？"

恐怕大家都要好好想一下。

当第一胜过做得更好，这是最有效的定位理念，几乎适用于所有商业和非商业行为中。

很多顶级富豪都有"第一思维"。世界上第一个亿万富翁、美国石油大王洛克菲勒曾经说过这样一句话："对我来说，第二名和最后一名没有什么区别。"带领通用电气从一家制造业巨头转变为以服务业和电子商务为导向的企业巨人，使百年历史的通用电气成为真正业界的领袖级企业的商界传奇人物杰克·韦尔奇也说："任何行业，只把眼光盯住'龙头老大'；最顶尖的人才，要不惜代价挖到手。"巨人集团的创始人史玉柱说："只有第一才会被人记住，做一个产品必须要做第一品牌。否则，很难长久，很难做得好。不做第一，就不能真正获得成功。"

无论你身处哪个行业，只要你的企业能成为行业第一，你就是"行业首富"。

无论你从事的是哪一项工作，只要你能成为这一行中最厉害的人，那你一定能拥有不菲的身价。

你是第一，你不变富谁变富？

在风险投资行业有一种说法：如果你不是第一，我为什么要投资你？因为相对来说，下注行业第一名，才是效率最高、胜算最大的投资。如果不能成为第一，早晚有一天会被第一干掉。就像互联网行业，基本都是赢者通吃的情况，你如果做不到第一，就意味着两种结局：要么死亡，要么被收购。曾经的百团大战，最后只剩下了美团；滴滴、快的争霸，最终滴滴把快的兼并了；当年微博群雄并起，如今新浪已经"一统天下"。

古语云：求乎其上，得乎其中；求乎其中，得乎其下；求乎其下，几无所得。所以，请谨记，只要你成为第一，不用去找钱，钱会来找你，这是一个真理！如果你追求成为第一，哪怕你不能成为第一，至少你可以获得中等的结果；不能成为首富，至少也能获得中等的财富，也远远好过没有追求的人，以及求乎其中、求乎其下的人。

你的目标决定了你的赚钱方式，也决定了你未来的财富有多少。

敢于冒险，排除万难

人这一生，一定要多冒几次险。因为人生最大的风险，就是不敢冒险。

2018 年 10 月 10 日，胡润研究院发布《2018 胡润百富榜》。在这份榜单上，马云、马化腾等中国最知名的企业家名列前茅，这并不令人意外。但在前十名里，有一个陌生的名字却令人诧异——王文银，他以 1100 亿元的身价与小米的创始人雷军并列第十名。王文银，鲜少有人了解，就连他的企业正威集团也很少有人听说。其实，正威集团算得上是一个"隐形冠军"。2018 年，正威在世界 500 强企业中排名 111 位，营业额超过 5000 亿元，是全国民营企业制造业的第二名，仅次于华为。

王文银能从一个出身贫寒的打工者逆袭成为身家千亿的顶级富豪，要归功于他的 3 次"豪赌"。

曾经与王文银接触过的人，大多会对他做出"狂人""疯子"的评价。王文银是一个天生的赌徒，每逢经济形势下行，所有资本恐惧逃离的时候，就是他的活跃之时。这时，他就开始押下重注，逆流而上，精准抄底。

1997 年，亚洲金融风暴让很多企业陷入绝境中，厂房的租金大幅降低，生产设备也大量滞销，供应商们苦不堪言。王文银却如同狮子嗅到血腥一般，迅速地展开谈判。迫于库存压力，供应商们最终答应分期付款，以只需支付 10% 定金的方式，把设备卖给他。在这轮交易中，王文银一次性囤了 100 台设备，拥有了整个深圳最大规模的厂房。

2003 年，一场史无前例的"非典"席卷全国，这一突如其来的事件直接导致大量资本迅速撤出，各类资产价格也应声下降。这时，王文银再次出手，他在国内外大举买进矿产资源，进军铜、钨产业，将原先的产业链延伸到最上游的采矿、冶炼领域。后来，他又不顾妻子及合伙人的强烈反对，坚决用 28 亿元拿下铜陵铜杆线生产项目。这一决定，让正威集团不再受制于原材料忽上忽下的价格波动，也让王文银一举成为铜行业的最大"庄家"。

2008 年，金融危机让全球经济陷入低潮，很多企业在破产边缘苦苦挣扎，王文银这头冷静又疯狂的狮子却再次向前猛扑。他接二连三地以大手笔并购了许多大幅贬值的欧美铜加工企业，并以每吨两万多元的价格入手几十万吨现货铜。这一次，王文银的赌博依然大获成功。当金融海啸平息下来后，铜价渐渐回升，他以每吨 4~8 万元的价格高价卖出，此举为公司带来了百亿元级别的营收。

王文银人生中的每一次"豪赌"，都令人胆战心惊，稍有不慎，就会堕入深渊之中无法翻身。但他却从不胆怯，他说："我只做别人做不了的事，只看别人看不到的地方，只想别人想不到的问题。别人能做的事情，我绝对不去做。"其实，他的每一次出击，都是看到了一个机会，想通了一些问题，然后才着手行动。虽然在别人看来这件事风险极大，但只有他自己清楚：几乎每 10 年左右就会有一次全球经济震荡。这些稍纵即逝的抄底良机，都是他实现人生飞跃的关键机会。如果不及时行动，可能再努力 10 年，也完成不了迈进世界 500 强的心愿。为了抓住这个机会，他准备承受可能失去一大部分资产的风险。

也正是因为有了那 3 次惊心动魄的"豪赌"，才有了今天的王文银，有了今天的正威集团。是这 3 次冒险，造就了王文银。王文银曾在一次演讲中说："人生最大的风险，就是不敢冒险。每一个成功的人其实都是一个'疯子'。非常之人，方能行非常之事，建非常之功。"

无独有偶，成功企业家王石也是通过冒险的方式挖到自己人生中第一桶金的。

1983 年，王石怀着满腔热情来到深圳，在这里从事玉米饲料生意，组织货源从东北运到深圳卖给一家饲料公司当原料。当时，他已经赚了 30 万元，算是取得了不小的成绩。但是，这年 8 月，一个坏消息却差点击垮王石的生意：有媒体报道说鸡饲料中有一种肥鸡丸，而肥鸡丸里含有致癌物质。这篇报道让所有人为之哗然，一时间，人们都不敢再吃鸡肉了。因为鸡卖不出去，鸡饲料也大量滞销，王石手上的几千吨玉米卖不出去，整个笋岗北站都堆放着玉米，他辛辛苦苦赚的 30 万元全赔了进去。

很多鸡饲料供应商都纷纷以低价清仓，但王石却做了一个大胆的决定，他选择"破釜沉舟"，买了机票直接飞到东北的大连粮油进出口公司，向其以极低的价格订了 2 万吨玉米。他不相信人们因为这样一条消息就不再吃鸡肉了。所以，鸡饲料也将很快迎来新的春天。但是，此时的王石已经赔光了自己赚的所有钱，哪里有资金支付货款？所以，他向大连粮油公司提出到货 100 天后再付款。由于当时受到肥鸡丸事件影响，玉米没有市场，大连粮油公司只能无奈同意。

王石完全可以选择不冒险购入那 2 万吨玉米，但他还是做了，为什么？因为他很清楚，自己看到了鸡饲料很快就会供不应求这个机会。如果不去争取，失去的可能是积累一大笔资金的机会。为了抓住这个机会，他必须做好准备，承受可能没法及时付款给供应商的风险。

果不其然，就在王石订的玉米运到深圳的前两天，有媒体澄清了这一消息，承认当初的报道是未经证实的传言，大家又开始吃鸡肉了。鸡饲料一时供不应求，不但价格恢复了，还有所上涨。把货发到饲料公司之后，王石一算账，经此一役，他大概赚了 300 万元。

凭借这次冒险，王石不但把之前亏损的 30 万元挣了回来，还用赚来的钱成立了深圳现代科教仪器展销中心。1988 年，公司更名为"万科"，王石担任万科企业股份有限公司董事长兼总经理。1988 年 11 月，万科参加了深圳威登别墅地块的土地拍卖。1988 年 12 月，万科发行中国第一份《招股通函》，发行股票 2800 万股，集资 2800 万元，开始涉足房地产业，万科集团最终发展成了地产龙头企业。

成功的人都是冒险家，这样的例子比比皆是。20 世纪 50 年代初，美国西方电子公司有意出售产品合格率仅为 5% 的晶体管生产专利，日本索尼的盛田昭夫竟以 10 万美元向美国西方电子公司购买了这项还不成熟的生产专利，准备在世界上率先批量生产晶体管收音机。当时，人们都认为这是一单极为冒险的赌注，而盛田昭夫以其独特的商业眼光，认定在世界电子业率先批量生产晶体管收音机一定前途无量。经过在专利基础上的深入研究，索尼公司将合格率提高到95%，同时成功开发出世界上最早的袖珍式晶体管收音机。正是这次大胆冒险的专利购买决策，使索尼走上了扩张经营之路。

在日本化学业内，住友化学排名第二，在国际上排名第十九位，是一家大型的化学企业，在中国也有不少投资。2004年，住友化学在沙特投资1万亿日元（约750亿元人民币）从事石油精炼项目。一下子拿出巨额投资，可谓风险相当大，稍有不慎便会负债累累。当年，沙特提交给住友化学的原油，价格为每桶20美元，住友化学株式会社社长米仓在仔细计算后，觉得原油价格有可能上升到25美元，而中国、印度的石油需求量会有增加，石油价格短期内不会下跌。米仓说服了日本政府及数家银行组成银团共同完成了这项投资。那时，他们和沙特方面的这一项目已经谈了几年，米仓觉得该拍板了，他果断和沙特方面签订协议，协议里规定风险最终由住友化学承担。合同刚签订不久，石油价格就开始走高，到2006年8月，差不多每桶原油价格升到80美元。这笔投资给住友化学带来了巨额的收入。

人的一生中一定要冒几次险，这是许多顶级富豪从自己的人生经历中总结出来的经验，其实这背后的逻辑在于：如果不去冒几次险，想要实现人生的逆转是完全不可能的。如果不去冒险，或许他们依旧活得不错，同时也面临着一个问题，他们的人生可能就这样了，很难再有大的变化了。

很多人会说，你只看到那些通过冒险获得巨额财富的人，却没看到有多少人因为冒险而血本无归。冒险肯定是有风险的，不然就不能称为"冒险"。但冒险与冒进是有区别的，一些人将冒险等同于不计后果，盲目地去做一件事。这不叫冒险，这是冒进。一个人如果连自己想要什么都不知道，也不确信做某件事是否值得，就莽撞地行动，有什么理由不失败呢？

真正的冒险，是你发自内心地相信一件事情大概率是对的，并且能给你带来可观的回报，你随时做好可能失败的准备，然后排除万难地去做这件事。

人这一生，一定要多冒几次险。因为人生最大的风险，就是不敢冒险。

精于投资，以钱生钱

　　"以钱生钱"不但能迅速实现资本增值，而且还能让其处于持续增长的状态。如果通过正确的方式理财，就可以将自己的财务状况带入良性循环轨道，从而创造出更大的价值，获得更多的收益。

　　2008 年，美国的《福布斯》杂志将沃伦·巴菲特评为全球首富，这位顶级富豪是靠什么将曾经多年蝉联富豪榜第一的比尔·盖茨挤下首富宝座？是投资。由此可见，投资在积累和创造财富方面的作用是非常重要的。

　　无论你有钱，还是没钱，都应该具有投资思维。如果现在的CPI（消费价格指数）是 2.9%、银行活期利息是 0.3%，如果你把钱存在银行，就意味着会贬值 2.6%。如果你拿去投资，只要收益率能达到 2.9%，你的钱就不会贬值，高于消费价格指数，那你就在赚钱。当然，如果你担心风险，也不愿意去学习投资，放在银行也没什么不妥，至少你可以安心睡个好觉，但你的钱不会增值，而且会变得越来越"少"。

　　沃伦·巴菲特在他几十年的投资生涯中年平均投资回报率是 20%多，这在一些投资人眼中并不突出，但他依靠长时间的投资和稳定的回报率却依然能够成为世界首富。所以，即使你每年的投资回报率只能做到 10%，你的钱也在变得越来越多，经过数年的积累，也是一笔不小的数字，何乐而不为呢？

投资由来已久。现在的人们早已明白，只靠工资来积攒财富是不可取的，而投资则可以让钱生钱。

如果你现在手上有 2000 元的闲置资金，那么，你可以选择在周末的时候带着全家一起到郊外游玩，然后找个酒店吃上一顿丰盛的晚餐。这样，你可以和家人一同度过一个愉快的周末。你也可以选择存到银行里，一年后就可以获得利息；或者购买基金、股票，获得分红；还可以买进黄金，等待升值。前者你只能花掉金钱获得享受，而后者却可以使你获得更多的金钱，这就是投资的价值。

我们的生活中离不开钱，衣食住行样样都需要钱，教育、娱乐离了钱也不行。为了拥有更多的财富，我们需要使自己拥有的钱财保值，甚至增值。这就需要我们学会投资。如果善于投资，就能使你的财富以几倍、几十倍的速度倍增。相反，如果你不善于投资，就只能守着日益贬值的金钱而哀叹。

每年 10 月，都是诺贝尔奖委员会对外公布该年度各类奖项获得者名单的时间。举世瞩目的诺贝尔奖不仅代表着学术界各领域的最高荣誉，同时还将给获得者带来高达 100 万美元的奖金收入。

诺贝尔基金会每年发布 5 个奖项，支出 500 万美元的巨额奖金。显然，一百多年来，诺贝尔基金会支出的奖金总额已经远远不是诺贝尔当年的捐献资金可以负担的。那么，基金会又是靠什么支付这些数额庞大的诺贝尔奖奖金呢？

诺贝尔基金会成立于 1896 年，由诺贝尔奖的创始人诺贝尔捐资980 万美元注册。由于该基金会成立的目的是管理、支付奖金，其章程里明确规定了基金的投资范围，将其严格限制在安全且收益稳定的投资项目上。因此，基金会初期的投资项目基本都是银行存款或者公债等一类收益微薄但相对风险小的项目。对于股票、房地产等高风险的投资领域，基金会的管理制度是严令禁止涉足其中的。然而，经过五十多年的投资运作和奖金发放，资金保守地投资致使诺贝尔基金在运营过程中严重地入不敷出，原始资产流失了将近 2/3。1953年，该基金的资产仅剩下三百多万美元，甚至来年的奖金支付都会出现问题。

面对这种状况，诺贝尔基金会的理事们终于醒悟，意识到高回报率的投资才是财富积累的有效途径，当即对经营管理制度做出突破性的改革——更改基金管理章程，放宽投资范围，将以前只允许在银行里储蓄或者购买公债的资金投向股票和房地产市场。

这一全新的理财观念一举扭转了诺贝尔基金会的命运。在后面继续运营的几十年间，诺贝尔基金会不但支付得起每年的巨额奖金，而且一举填补了过去五十多年的亏损，基金总资产超过 2.7 亿美元。

"以钱生钱"不但能迅速实现资本增值，而且还能让其处于持续增长的状态。如果通过这样的正确方式理财，就可以将自己的财务状况带入良性循环的轨道，从而创造出更大价值，获得更多的收益。

李嘉诚有一句名言：30 岁以前，要靠自己的双手赚钱；30 岁以后，要重视理财，学会以钱生钱。沃伦·巴菲特也说："一生能够积累

多少财富，不取决于你能赚多少钱，而取决于你如何投资理财。钱找人胜过人找钱，要懂得让钱为你工作，而不是你为钱工作。"

很多富豪在完成了原始积累后，都会通过投资让财富不断增值。这样，他们的财富就会增长得更快，他们也就变得更加富有。

打造系统，持续赚钱

只要你拥有赚钱的系统，你就不用再依靠你的工作时间赚钱。你能赚多少钱，取决于你的系统，而不是你的努力程度及你的智商、情商等一切个人因素。

我们先来分享这样一个故事。

山上住着两位和尚，一位和尚住在北峰的庙里，一位和尚住在南峰的庙里。这两座山峰之间有一条小溪，这条小溪是和尚们唯一的水源。于是，两个和尚每天都会在同一时间下山去溪边挑水。久而久之，他们就熟识起来，成了好朋友。就这样，不知不觉已经过了5年。

有一天，北峰的和尚没有下山挑水，南峰的和尚想："他是不是睡过头了？"谁知道，南峰的和尚第二天再去挑水的时候，北峰的和尚还是没有来。第三天也一样。就这样，一直过了一个星期，南峰的和尚也没有看到北峰的和尚出现在小溪边上。这时，南峰的和尚紧张了起来。于是，他就爬上了北峰，去拜访他的好朋友，看看对方是不是出了事情。见到北峰的和尚后，南峰的和尚很惊讶，因为对方一点儿也不像一个月没喝过水的人。

南峰的和尚非常好奇，问："你已经一个多月没有下山挑水了，难道你练成了不用喝水的法术？"

北峰的和尚笑着说："来，我带你去看一看。"说着，他就带着南峰的和尚来到庙的后院，指着一条流着水的管道，说："这5年来，我每天做完功课后都会抽空挖这个管道，即使有时很忙，但能挖多少就算多少。现在终于挖通了，我自然不用下山挑水也有水喝了。"

建系统如同"挖管道"。管道修好后，只要打开水龙头就会有水流出来。建立系统要历经千辛万苦，一旦成功却可以一劳永逸。

系统，就是富人赚钱的最大秘密。

什么是系统？简单来说，就是整合各种资源打造的一个商业模式或者盈利模式。只要系统运转正常，就可以源源不断自动地赚钱，不分春夏秋冬，不分白天黑夜，不分晴天雨天，无论你工作与否。

凡富人都有一个可以持续赚钱的系统，也就是他们的商业模式、盈利模式。比如，目前的世界首富、亚马逊的创始人杰夫·贝佐斯，他打造了一个电子商务系统，每天24小时向世界各地不间断地销售商品，无论他在睡觉，还在度假，都不会中断他的收入。

中国顶级富豪马化腾，他的腾讯无人不知，旗下有数不胜数的产品：QQ、微信及游戏、视频、新闻门户（客户端）等，每一个都有自己的盈利模式。比如，QQ是靠增值服务盈利的；微信、视频以及新闻门户是靠广告赚钱的；游戏是通过销售游戏道具获得利润的。凭借这些产品源源不断的收入，才造就了腾讯的商业帝国。

王石刚刚执掌万科集团时，建立一个行之有效的企业管理系统就成了他工作的重中之重。虽然他被称为"万科黄埔校长"，但他却尽可能地减少自己对企业的影响，把权力下放到管理层，让他的下属拥有更大的权力空间，让他们为企业的发展承担责任。王石为万科建立了完善而又严格的现代企业制度，并且费尽心血培植了大批可堪重任的栋梁，他们后来都成了万科的中流砥柱。显而易见，哪怕万科离开了王石，依然能高歌猛进，并保持快速的发展趋势。

欧洲首富伯纳德·阿诺特，你也许不认识他，不过应该对他家的品牌如数家珍，LV、Dior、Fendi……这些世界著名的奢侈品牌都在他的LVMH集团旗下。品牌的商业模式很简单，创造优质的产品，打造一个知名品牌，财富就滚滚而来了。

上面提到的顶级富豪，他们的成功秘诀就在于建立起赚钱系统，即便是以投资起家的巴菲特，他的公司伯克希尔·哈撒韦也收购了多家拥有良好商业模式的公司。只要你拥有了赚钱系统，你就不用再依靠你的工作时间赚钱。你能赚多少钱，取决于你的系统，而不是你的努力程度及你的智商、情商等一切个人因素。有了这个系统，就等于有了一台赚钱机器，顶级富豪就是这样诞生的。

第十二章

中国成功企业家的思维模式

马云

众所周知，马云的头上笼罩着无数的光环：登上大洋彼岸的《福布斯》，风头甚至超过盖茨，成为充满想象力的"未来首富"……所有中国企业家能得到的荣誉，马云几乎都囊括了；所有中国企业家不曾受到的殊荣，马云也包揽了。无论在商界，还是哈佛、牛津这样的世界名校，马云都是炙手可热的中国企业家。然而，在创业之初，马云却曾被别人视为"疯子""骗子"。当时，没有人能想到，他会成就一番了不起的事业——他，创建了阿里巴巴！

阿里巴巴是中国最大的网络公司和世界第二大网络公司，是一家企业对企业的网上贸易平台，是马云于 1999 年创立的。2003 年 5 月，阿里巴巴投资 1 亿元建立个人网上贸易平台——淘宝网。2004 年 10 月，阿里巴巴投资成立支付宝公司，面向中国电子商务市场推出基于中介的安全交易服务。

马云的创业历程可谓一路披荆斩棘，他出身于普通人家，一无所有，白手起家，却满怀热情、满腔抱负，有一个穷孩子不甘蛰伏、不甘平庸的心。他希望通过奋斗改变命运，希望自己的人生自己做主，而这些都需要向财富借力。于是，我们看到，马云一步步闯过关隘，他开过翻译社，为了养活翻译社，他曾经背着大麻袋当起了"倒爷"，穿梭在杭州的街头卖起了鲜花；他当过培训学校的老师，为学生讲课。

一次美国之行，触发了马云的灵感，他想：信息可以搬到网络上啊！我为什么不创建中国自己的因特网！为了这灵机一动的想法，他付出了"惨痛"的代价，辞职"下海"不说，还拿出 6000 元的家底，又向亲戚朋友借贷，好不容易凑齐 10 万元……中国第一家真正意义上的商业网站——中国黄页诞生了。平常人，是很难理解那一瞬间的激情和冲动的，它意味着破釜沉舟，意味着再无退路，意味着与平稳的生活告别。但是，马云干了，这一去，征程万里，"资金"的问题不绝如缕地困扰着他，而这个以"身高和拿破仑一样高"闻名的小个子，却用难以想象的坚毅和乐观，一一荡平。

1999 年，马云从北京回来后，计划创办阿里巴巴。"我们希望改变全世界 1500 万到 2000 万商人的工作方式，我们希望每一天早上商人打开他的电脑、手机，他使用的是阿里巴巴的界面。商人根本不需要到办公室上班，无论到任何地方，只要他插上电话线或打开他的手机连入互联网，就可以做交易、下单、找客户、发银行汇票、订船舱、订机票等，这一整套我们都能做好。"这个瑰丽宏伟的梦想，需要真金白银来做支撑。马云怎么办？他向 17 位伙伴集资，号召他们拿出自己手中的"闲钱"。马云这样鼓励他们："你们跟我创业，10 个月内没有休息日……我们上班的办公室只能在我家里，我们租不起办公室。10 个月后如果失败了，我们再各奔东西。如果没失败，我们就继续往前走。"

不可思议的"演讲词"！但是，这一次他募集到了 50 万元的资金。一群"痴子""傻子"，为了他们的梦想，一砖一瓦地构筑起天堂！

阿里巴巴获得软银孙正义的投资，其实也充满悬念。当时，与马云一同PK的有多家互联网公司的老总，他们同样有机敏过人的商业头脑，企业也有美妙的商业前景，一些公司的实力在当时也远比阿里巴巴雄厚。每个创业者只获得了6分钟的演说机会，成功或者失败，都在瞬间决定。可马云又成了！他成功地获得了孙正义和其他投资人的认可，融到了2000万美元。

庸人总是嘲笑企业家的梦想，认为他们过于入世。另一种观点则是：他有什么了不起，给我那些资金、平台、资源，我也能成功。但事实果真如此吗？马云的创业经历告诉我们不是这样。UT斯达康老总吴鹰曾说过这样一段话。有位融资者跟吴鹰说，如果投了他，就没有马云了。吴鹰说："投了你，照样有马云，照样没你的份儿，因为你犯了很多不该犯的错误。"

马云的长处在于：错误，他也会犯，但每次"错误"来临时，他能及时纠偏。他不是没遇到过风险和隐患，有些风险甚至能在一夜之间将"巨轮"倾覆，但马云能做到自省、自察，及时出手，以常人难有的勇气和魄力，力挽狂澜。

当初"十八罗汉"一起创业，随着阿里巴巴的壮大，使得"坐江山"的问题凸显。为此，2009年媒体热议的"杯酒释兵权"出炉，多名高管离任进修，高层大换岗，当年9月10日，阿里巴巴集团的十周年庆祝会上，马云的决定引起舆论哗然，"十八罗汉"创始人集体辞职，阿里巴巴从此进入合伙人时代，创业元老将重新应聘、求职阿里巴巴。

这些惊人之举背后，马云经历了多少不眠之夜、痛苦的挣扎、泪水与争执，难以想象。中间，想必马云或许有过难言的割舍，他和他的伙伴们之间，历经情感和不同思想的冲突与撞击……这些都是企业发展中，不可避免又必须直面的分水岭。只要他成功地闯过了这一关，阿里巴巴就会阔步向前。事实证明，确实如此。

有坎并不可惧，有险并不可怕。与其说是"破坏"，不如说是"建设"。历经伤痛，马云还是得出了积极的结论："无论是支付宝事件，还是阿里巴巴的诚信问题，跟别人辩论没有用。要改变自己，完善自己，我想这就是我们所认为的建设性破坏。"

思维启示

1.冬天寒冷的时候，我们提出的口号是：坚持到底就是胜利。只要我们活着，不死就有希望。

2.诚信，这是人类共同拥有的价值观，谁违背谁来承担责任。

3.记住，创业者都是靠自己的毅力成功的。

4.阿里巴巴发现了金矿，我们绝对不自己挖，我们希望别人挖。他挖了金矿，给我们一块就可以了。

5.员工第一，客户第二。没有员工，就没有这个网站。只有员工开心了，我们的客户才会开心，而客户们鼓励的言语又会让员工们发疯一样地工作，也使得我们的网站不断地发展、壮大。

6.公司大了，责任就应该大。责任大了，期望值一定高。期望值高了，批评、指责、失望就大。这是规律，我们要承认并接受这样的规律。

7."今天很残酷，明天更残酷，后天很美好，但绝大多数人都死在明天晚上，见不到后天的太阳。所以，我们做什么都要坚持！"有人总结：马云是互联网里最能吹牛的人，但也是唯一把说过的话实现的人。

任正非

提起任正非，已是"天下谁人不识君"，他是全球最大的电信设备商——华为的创始人，是叱咤风云的商业巨人，是民营企业家的翘楚……然而，对这些贴在自己身上的标签，任正非从来云淡风轻，总是"事了拂衣去，深藏身与名"。

与一般的企业家不同，任正非始终非常低调。人们几乎没有看过任正非在电视屏幕里登场亮相，也几乎没有听到过他那云南话腔调的激情演讲。作为大企业的掌门人，任正非不修边幅。但是，这位最低调的企业家，同时又是最具影响力的企业家，他的影响力甚至是世界级的。

2013 年 4 月 18 日，美国《时代》杂志公布全球 100 位最具影响力人物，身为华为公司创始人和首席执行官的任正非入选巨擘类最具影响力人物。

任正非的影响力来源于华为史诗般的创业历程。

在《基业长青》一书中，作者回答"伟大的公司如何不朽？"时讲道："高瞻远瞩的公司之所以能采取最好的行动，不是因为详细的策略规划，而是依靠实验、尝试、错误与机会。正确地说，是靠机运而得。"

在任正非的词典里永远没有"困难"二字。他迎难而上，为了长远的发展，放弃一些眼前的利益，因此取得了更大的成就。

到纳斯达克敲钟是很多企业家梦寐以求的目标，他们将上市视为企业成功的标志，甚至看成最终目的。然而，任正非却是一个异类——华为，这艘在商业世界里一往无前的巨轮竟然始终与资本陌路。

有这样一个传闻：摩根士丹利首席经济学家——斯蒂芬·罗奇几年前曾经带领自己的得力部下访问华为总部，希望能与任正非见一面。令他失望的是，任正非从始至终也没有出现。斯蒂芬·罗奇非常惊讶：自己带的团队管理着超过 3 万亿美元的资本，无数企业家趋之若鹜，而任正非竟然视而不见，甚至唯恐避之不及！

对资本说"不"的华为，在排队上市的公司中显得如此特立独行，但华为的成长速度却令无数上市公司汗颜。2006 年，华为全年销售收入为 656 亿元（折合 84.5 亿美元）。2015 年，华为销售收入 3950 亿元（折合 608 亿美元），净利润 369 亿元（折合 57 亿美元），其销售收入比 10 年前足足翻了 6 番。试问，A 股上市公司中哪家公司能创造出如此傲人的业绩？

为什么华为坚持不上市？

2016 年 5 月 9 日，任正非极其罕见地接受了新华社的采访，在谈及华为不上市的原因时，任正非说："因为我们把利益看得不重，就是为理想和目标奋斗。守住'上甘岭'是很难的，还有好多牺牲。如果上市，股东们看着股市那儿可以赚几十亿元、几百亿元，逼我们横向发展，我们就攻不进'无人区'了。"

在美国纽约举行的俱乐部午餐会上，任正非也曾就这个问题给出过答案。当时，参加这次俱乐部午餐会的，有十多位美国商界大咖，其中包括 AIG（美国国际集团）前董事长格林伯格、美国私募基金 AEA 公司董事长文森特·梅等。席间，有人问到这个问题时，任正非道："科技企业是靠人才推动的，公司过早上市，就会有一批人变成百万富翁、千万富翁，他们的工作激情就会衰退，这对华为不是好事，对员工本人也不见得是好事。华为会因此而增长缓慢，甚至队伍涣散。员工年纪轻轻太有钱了，会变得懒惰，对他们个人的成长也不会有利。"

"高层要有使命感，中层要有危机感，基层要有饥饿感"，这是华为一直以来大力倡导的企业文化。在任正非看来，华为的高层薪水相对较高，每年分红要多一些，财富对他们中的很多人来说只是一个符号。但是，在华为，这批人是少数，他们不能以物质利益为驱动力，而必须有强烈的事业心、使命感，这是一群已经完成物质"原始积累"的精英团队，推动他们每天不懈奋斗的是一种精神，一种对事业本能的热爱和激情。除此之外，别无其他。

那些从基层一路打拼出来的中层干部却与高层完全不同。多年来，他们一直保持奋斗本色，也往往能够得到破格提升。激励他们不断向前的动力是危机感，居安思危，方能砥砺前行。

对绝大多数员工来说，对奖金的渴望、对股票的渴望、对晋升的渴望、对成功的渴望等才是激励他们努力工作、不断奋斗的最原始动机，华为团队中每个个体的"狼性"精神也正来源于此，他们是华为的最核心力量。

为了吸引、留住和巩固核心的力量，华为在艰苦创业的早期，就在员工内部推行"工者有其股"。如今二十多年过去了，当年并不值钱的华为股票，现在已经成为其员工最看重的资产之一。如果华为上市，百万富翁、千万富翁乃至亿万富翁将不胜枚举。但是，这也是任正非最担忧的事情："我们曾经是靠艰苦奋斗、技术创新生存下来的公司，技术创新就没有止境？摩尔定律就永远正确？靠一招鲜就能吃遍天？我认为当有线、无线的宽带接入，达到一定的宽带，并覆盖到一定程度后，网络技术创新这套马车就会慢下来。这个时候，有很大的市场覆盖，有优良的管理，能提供低成本、优质服务的公司才能生存下去。华为就是要赶在死亡之前，达到这样的规模水平，在这10年中努力变革自己，谦逊地向西方公司学习管理，提高效率，并制定优异的人力资源机制，促使员工不断地奋斗，才可能活下来……"

任正非道出了全球 IT 行业最残酷的定律：与其他任何产业相比较，这一行业过去与未来所展示的是一场死亡竞赛，大家都在拼命地追赶，但赢者一定是死得最晚的那一个。怎样才能避免早死？唯有奋斗。怎样才能激发奋斗者？要靠合理并优异的人力资源机制。"小富快跑，暴富跌倒。"不管是中国的同行业公司，还是西方的同行业公司，很多公司上市前生机勃勃，上市后不到两年，公司开始动荡，"暴富"起来的个人变得不求进取或是被竞争对手挖角。到那时，华为历经多年积累形成的企业文化很有可能灰飞烟灭。没有了"魂"的华为，在竞争愈发白热化的市场中是否会被淘汰？这个问题没有人能回答。

任正非不希望华为在短暂辉煌之后走进历史的坟墓，他的目标是做一家百年老店。他拒绝资本市场抛来的橄榄枝，可能已经为华为奠定了"称霸世界"的基石。他从不后悔，勇敢者、胜利者不断丢掉的，只是枷锁。

思维启示

1.工作是一种热爱，是一种献身的驱动，是一种机遇和挑战，多么难得，应该珍惜它。认真地做好每一件事，不管是大事，还是小事。目光远大，胸怀开阔，富有责任心，不计较个人得失。

2.管理者一定要有天降大任于斯人的胸怀、气质。要受得了委屈，特别是做了好事还受冤枉的委屈。

3.人是有差距的，要承认差距存在。一个人对自己所处的环境，要有满足感，不要攀比。

4.没有责任心，缺乏自我批判的精神，不善于合作，不能群体奋斗的人，等于丧失了在华为进步的机会，那样会空耗了宝贵的光阴。

5.创新，就是"鲜花插在牛粪上"，华为就是牛粪，人家的东西就是鲜花，牛粪给鲜花提供营养。继承就是牛粪，创新就是鲜花。

6.公司要求每一个员工，要热爱自己的祖国，热爱这个刚刚开始振兴的民族。只有背负着民族的希望，才能进行艰苦的搏击而无怨无悔。

7.什么叫成功？是像日本企业那样，经九死一生还能好好地活着，才是真正的成功。华为没有成功，只是在成长。

8.华为最大优势和劣势都是年轻。因为年轻，充满生命活力；因为年轻，幼稚病多，缺乏职业化管理。

马化腾

在商界曾经流传着这样一种说法：论管理一家大企业的能力，马化腾可能不及杨元庆。然而，如果给他们同样的资金去创业，马化腾一定会超越杨元庆。

毋庸置疑，马化腾对于市场的敏感度、对同类产品的取优补劣，在中国互联网领域堪称无人匹敌。换句话说，马化腾懂得如何把握潮流，知道该从潮流中学什么，并懂得将学到的东西进行怎样的改进。也正因为如此，他才造就了腾讯这样一个庞大的商业帝国，使海角天涯近在咫尺之间；他才营造了一个全新的网络世界，给世界带来了颠覆性的体验。他似乎时刻在用电脑右下角那个频繁闪动的可爱小企鹅提醒广大创业者：玩，其实也是一种生产力。

1971 年，马化腾出生于海南，后移居深圳。1989 年，马化腾就读于深圳大学计算机专业。大学期间，马化腾的计算机水准已经令老师和同学们刮目相看，他既能成为各种病毒克星，为学校PC维护提供很好的解决方案；同时，他又时常干些把硬盘锁住的恶作剧，让学校机房管理员无可奈何。当时，虽然马化腾年龄不大，但他的网龄却不是常人可比。

极少有人了解，在真正的因特网普及之前，就有很多网迷已在慧多网上早早体会到了网络的乐趣，这其中就有马化腾。初上慧多网，马化腾就乐此不疲，在慧多网上挂了半年之后，马化腾就义无反顾地投入了5万元，在家里搞了4条电话线和8台电脑，承担起了慧多网深圳站站长的角色，甚至为此每天忙得不可开交。在接下来的很长一段时间内，深圳"马站长"在慧多网上有着极高的人气。

大学毕业后，马化腾进入了当时业内知名的润迅公司，做软件工程师，专注寻呼软件的开发，并一直晋升到开发部主管。在此期间，马化腾懂得了软件开发的真正价值和意义——在于实用，并非是"码农"们的自娱自乐。这段时光，对于马化腾而言是真正意义上的黄金时代。但马化腾并不甘心为别人打工，一直以来，他都在考虑独立创业。而且那个时候，他的很多网络界朋友的新变化也促使他开始重新审视自己。他无数次地问自己：IT行业的机会这么多，我为何不能抓住呢？

一个偶然的机会，马化腾在看了基于Windows系统的ICQ演示后，开始考虑是不是能在中国推出一种类似ICQ的集寻呼、聊天、电子邮件于一身的软件。

1998年11月，马化腾利用炒股所得的资金和大学同学张志东注册了自己的公司，腾讯由此诞生。

马化腾曾经回忆过那段难忘的创业经历。

"我在1998年注册了腾讯公司，当时父母都没有想到，他们说'你这个书呆子还可以去开公司啊。'所以，他们建议我找合伙人一起做，可以弥补自身的缺陷。我对产品比较在行，当时懂计算机的人不太懂通信，懂通信的人不太懂计算机，我刚好在这个跨界中间。张志东绝对是'学霸'，实践能力、工程能力很强。陈一丹是政府部门出来的，对政府接待、行政、法律很了解。曾李青长得就像老板，出去别人握手都先跟他握。我的名片只写工程师，不敢写总经理，怕人家觉得你们这公司玄乎。

"当时在深圳，像腾讯这样的公司有上百家。我们的主要业务是为深圳电信、深圳联通和一些寻呼台做项目，副产品是QQ。QQ最早的名字叫'网络寻呼机'，最早的图标就是一个'BP机'。我们开发出来这个产品是想卖给别的运营商，可价格一直谈不拢。产品在自己的手上，用户又疯涨，运营QQ所需的投入越来越大，没钱买服务器，这逼得我们很早就要想怎么有造血的能力。我们夜以继日地接一些琐碎活儿，为的是能够赚到一点点钱，用来养活QQ，比如我们要向通信局交服务器托管费等。

"此外，当时我也去四处筹钱。找银行，银行说没听说过凭'注册用户数量'可以办抵押贷款的；与国内投资商谈，对方关心的大多是腾讯有多少台电脑和其他固定资产。1999年下半年，我拿着改了6个版本、二十多页的商业计划书开始寻找国外风险投资，最后碰到了IDG和盈科数码，他们给了我们400万美元。有了这笔资金，公司就买了20万兆的IBM服务器，放在桌上时，别提心里有多美了。

"2001年的时候，前几名的互联网公司都上市赚钱了，QQ注册用户已经达到了2亿，但缺乏现成的收费渠道，我们心里也很着急。这时候，中国移动推出的'移动梦网'改变了我们的生存状态。我想到通过与运营商走二八分账的协议实现业务增长（运营商20%，腾讯80%）。到2002年，移动QQ占到腾讯公司整体业务收入的70%。

"之后，我们继续以较低的成本开展新业务，并且在新业务和功能方面，通过即时通信增加客户黏性，而不是分散精力，因为这是我们和其他国外工具竞争的筹码。

"那时候，MSN很强势，大家基本上都认为QQ存活不长，只是什么时候消失而已。但是，我们针对国内网络结构做了大量的优化。我们传文件很快，有聊天室，包括我们的头像是个性化的。就这样，口碑建立起来了。

"讲这段历史，其实为了说创业最开始的第一步是生存，但生存也是最难的。你要创业的话，第一个要思考的就是第一年的工资怎么办，你第一年的收入怎么着至少得够交房租吧？房租与水、电费你能不能挣回来，这些还都是很基础的东西。所以，当时没有想那么多，因为这个公司能不能走下去都很难说，小企业的成功概率算下来是很低的。现在创业的条件比当年好的太多太多了，却因为门槛低了，竞争也变得更加激烈。"

创业，对于马化腾而言，从来都不是一帆风顺的。正如马化腾自己所言："互联网是个变化很快的行业，竞争非常激烈。这些年来，我最深刻的体会是腾讯从来没有哪一天可以高枕无忧，我们每天都如履薄冰，始终担心某个疏漏随时会给我们致命一击，始终担心用户会抛弃我们。因此，我们一直奉行的信条是'一切以用户价值为依归'。我认为，这是腾讯能一路走来、发展壮大的原因，也是互联网经济的核心要素之一。"正是怀着这种居安思危的心态，马化腾才引领腾讯一步步走向辉煌，甚至还推出了颠覆性的产品——微信，变成移动社交世界的王者，续写传奇。

1.别人拥有的不要羡慕，只能说明我们付出还不够。感恩惜福，方能得恩得福！

2.每天坚持发现、修正一两个小问题，不到一年就能把产品打磨出来了。

3.保持创新，过去 10 年，中国互联网利用本土优势成功抵御了国际巨头的进攻，取得了全面胜利，但真正决定中国互联网生死存亡的是接下来的 10 年。这 10 年，中国企业不仅要和国际企业拼服务，更要拼创新和核心技术能力。

4.相信中国有机会成为一个文化产业出口大国，未来 10 年，中国自己制作的网络游戏等文化产品将会越来越多地渗入到全球，这将是很好的一个创业方向。

5.要取得事业成功，必须花心思预测未来几个月甚至几年的事情。

6.互联网的发展是中国改革开放的缩影。腾讯的成功有很多因素，但改革开放的历史机遇是我们最大的财富，如同打开了一扇大门，改革开放给了中国人重新打量认识世界的机会，也给了那些血液躁动的年轻人创业成长的机会。

董明珠

提起世界知名品牌——格力，很多人第一时间就会想到一个人的名字——董明珠。

董明珠 36 岁南下闯荡，从一个集体小空调厂的销售员做起，靠着出众的才智和顽强的精神，一路做到了中国乃至世界最大的空调企业掌门人。在她的领导下，格力电器扛起了"好空调，格力造"的大旗，在市场竞争最激烈的家电领域闯出了自己的一番天地，年销量、市场占有率曾经连续多年居于中国市场首位。

董明珠的成功，在于行棋无悔的果决，在于对信仰与梦想的坚持，在于对人生目标的专注。她的故事折射出如今这个时代那些不甘平庸、努力向上者走过的不平凡的道路。

1990 年，在国家一系列政策的大力鼓励下，全国各地都兴起了一股下海经商的浪潮。已经 36 岁、人到中年的董明珠，在这种浪潮的影响下，也忍不住产生了砸碎"铁饭碗"的念头。再三考虑后，她毅然决然地辞去了南京的工作，独自一人来到当时正处于经济发展前沿的广东省。她在深圳的一家生产化工产品的企业找到了一份管理的工作，继续干着自己的老本行。

1992 年，董明珠到珠海办事，在珠海街头闲逛时，无意中看到一张招聘广告——珠海海利空调器厂（格力空调前身）正在招业务员。于是，她前去应聘，成了海利空调器厂的一名业务员。

当时的格力电器正处于起步阶段，年产能只有两万台左右，每年的销售额大约为 2000 万元，在这 2000 万元中，还有很大部分是经销商打的"白条"。每到空调销售旺季，厂里的业务员们总是精神抖擞地出去跑营销，然后垂头丧气地回来，有的人甚至连一张订单都拿不回来。

20 世纪 90 年代，营销属于一种全新的职业，那时的大部分厂家对业务员都有这样的要求：如果是男业务员，一定要能喝酒、能"忽悠"；如果是女业务员，最好年轻漂亮，善于"公关"。但初入行的董明珠完全无视这些不成文的"规则"，她不但在饭局上滴酒不沾，还很有原则性，绝不与别人"同流合污"。

在当时那个年代，很多企业为了更快卖出自己的产品，大多采用先发货、后付款的模式。有一些善于投机取巧的经销商就利用这种模式的漏洞，长期拖欠货款，甚至卖出了货物也不结账。这样一来，企业的正常运转就难以为继，很多企业因为资金迟迟不到位不得不破产。在安徽，董明珠就遇到了这样一个客户——合肥的一家经销商拖欠了格力电器高达 42 万元的货款。

这家经销商的老板姓牛，心术不正，一向喜欢耍无赖。前一任业务员曾经多次上门催款，都被他敷衍过去。如今，这块难啃的骨头摆在了董明珠面前。董明珠一次次前去要债，却都吃了闭门羹，却反而激起了董明珠的犟劲。她天天去"堵"，终于把神出鬼没的牛经理堵在了办公室。当着很多人的面，她怒吼："别再给我耍花招了！要么你还钱，要么你退货！不然的话，以后你走到哪里我就跟到哪里！不信你就试试看！"

欺软怕硬的牛经理被董明珠这股不要命的劲儿给吓坏了，连声答应退货。第二天，董明珠找来一辆卡车，把自己的货全都搬走了。坐在驾驶室里，积攒多日的委屈瞬间爆发了，她把头从车窗伸了出去，对牛经理大喊："从现在开始，我们再也不和你这种人做生意了！"

吃一堑长一智，从这以后，先款后货、决不赊账成了董明珠给自己设定的第一条商规。后来，这条商规成了格力电器在行业里独树一帜的规定。

在董明珠的世界里，一切必须是清澈透明的，她从来都不允许"灰色地带"的存在。在格力电器任职的这些年里，她时刻进行着博弈与奋斗：与不诚信的经销商斗，与公司里别有用心的人斗，甚至有时还要和自己的亲人斗。1995 年，格力空调出现了货源紧张的情况，一个经销商辗转找到了董明珠的哥哥，想让他找董明珠通融一下，帮自己进 3000 多万元的货，并承诺事成之后给他 2% 的提成。哥哥从南京风尘仆仆地赶到了珠海，结果，董明珠在知道了他的来意后，竟然连见都没见他。因为这件事，兄妹两人有 10 年都没有联系，家里人也都抱怨，称她实在太不近人情。正是因为与世俗势力从不妥协的斗争，董明珠才得到了别人这样的评价：董明珠走过的路，草都长不出来。

2001 年，由于累积多年的沉疴，格力电器的运营发展陷入了举步维艰的窘境之中，销售额屡创新低。在这紧要关头，格力高层任命董明珠为总经理。

上任后，董明珠快刀斩乱麻般，迅速将一大批不称职、失去民心的干部撤掉。这些人不服气，于是，一场不见刀光剑影的对决就在他们与董明珠之间展开了。那段时间里，格力的上级主管部门几乎每天都会收到匿名对董明珠的"举报信"。很快，调查组进驻到格力公司，然而，他们始终都没有查出董明珠的问题，格力的一位高层干部却因为贪污而被逮捕，只能在监狱里度过余生。

董明珠掀起的这场"刮骨疗毒"式的革命让格力电器逐渐走出了停滞不前的困境，企业的运营和管理也走上了正轨。那时的她，就像一个时刻待命的士兵，随时都会以百倍的精神投入到战斗之中。在她成为总裁之后，也一直保持着这种枕戈待旦的状态。

从1992年加入格力的那一天开始，董明珠就把自己最真挚的感情、最饱满的精神奉献给格力。正是在她的努力下，格力的品牌价值不断得到提升，成为人人称赞的顶尖品牌，格力的版图也不断扩张，最终从中国走向世界。在现在的空调行业里，格力不仅是当之无愧的规模与利润的巨人，更是率先在企业价值观领域开辟全新战场的领头企业。

思维启示

1. 不能单纯地以营销谈营销、为销售而销售。一个企业，一个品牌，他们的内在联系到底是什么，还有思维方式、经营理念、价值取向都是整体构成这个企业最终市场的依据。所以说，我们的营销工作，有时会忽视一些眼前的利益，因为我们注重的是长远利益。

2. 我们都在寻找共同的游戏规则，期待"正和博弈"，不是你吃掉我，也不是我吃掉你。棋行天下，并非统一天下，而是和所有人一起走下去。

3.越是单纯的东西，越是需要付出百倍的努力去捍卫它。把一种单纯的信念贯穿于生活之中，往往需要付出并不简单的代价。

4.如果要做成事，就必须要做好有所牺牲的准备，而自己所做的牺牲仅仅是暂时失去一个局部，却得到了一个整体。

5.眼前不赚钱的，并不代表永远没有钱赚。没有淡季的市场，只有淡季的思想。

6.我做总裁期间最大的成就是选用人才。我们要打造 100 年企业，必须要有一支相应的百年人才队伍。

张瑞敏

带领海尔创新创业三十多年，张瑞敏这个名字已经成了海尔的代名词。从 20 世纪 80 年代的一"锤"定音，砸毁 76 台冰箱开启创业之路，到现在的打破组织，塑造"人人都是CEO"的创业精神，张瑞敏始终站在改革的"风口浪尖"上，他用敢为人先的自我革命精神，率领海尔这座"巨舰"，一路乘风破浪，勇立时代潮头。

1984 年 1 月 1 日，青岛日用电器厂正式改名为青岛电冰箱总厂。为了使这家濒临倒闭的老牌工厂起死回生，青岛市经委投入全力为其"把脉"。1984 年的青岛电冰箱总厂在一年之内先后换了 4 位厂长。12 月份，张瑞敏以这个厂的上级公司青岛家电公司副总经理的身份来到了青岛电冰箱总厂担任厂长的职务。

当时，这家企业到处都是一副破败不堪的景象，整个车间里臭气熏天，几乎有一大半人想从这里调走，剩下的人也无心干活。企业内部的种种现象令张瑞敏心冷，而企业所面临的经济环境也不乐观：1984 年，全国生产电冰箱的厂家已经有近一百家，国外的产品也蜂拥而入，各种品牌的电冰箱充斥市场，其中不乏"部优""省优"产品，竞争非常激烈。此时的青岛电冰箱总厂面临着严重的生存危机。

张瑞敏到任后，迎接他的是 53 张请调报告。为了整顿生产秩序，他推出了 13 条规章制度——青岛电冰箱总厂劳动纪律管理规定。其中，第十条规定"不准在车间随地大小便"，今天看到这条规定的很多人都会觉得好笑，觉得不可思议，但当时正是这些规定让厂里的环境发生了翻天覆地的变化。

规定贴出后，有一个人大摇大摆地扛走一箱原料。第二天，张瑞敏就贴出公告开除此人。制度的有效执行，使车间里没有随地大小便的人了，生产环境得到改善了；就连迟到早退的人也少了很多，工厂一下子有了工作气氛，工人们充满干劲。

创业初期，海尔从德国利勃海尔引进了一条冰箱生产线，张瑞敏带领团队到德国利勃海尔参加培训，当时培训的企业共有3家，分别来自青岛、杭州和武汉。另外两家企业的人到了德国后，觉得技术学习很简单，认为没有必要进行十几天的培训，便到处游玩。相反，张瑞敏和他们团队的人，每天学习到凌晨一两点，周六日也不休息，拉着德国的老师提问题，一定把知识吃透才罢休。德国人看到后连连赞叹：青岛来的中国人和其他人不一样。许多年后，当年一同去参加培训的两家公司，一家已经消失了，一家则被海尔兼并了。这种不达目的誓不罢休、要做就要做到最好的精神，今天依然在海尔身上闪亮。

张瑞敏经常讲：不管有多么好的设备、多么好的资产，都不可能增值，唯一可以增值的就是人。如果把人的素质提高了，企业就可以增值。

海尔从德国利勃海尔引进先进的生产设备，所有的人都认为只要设备来了，生产肯定会很好，产品也会很好。1985年，张瑞敏收到一封用户来信，信里说：厂里电冰箱的质量有问题。张瑞敏立马带人检查了仓库，发现仓库里四百多台冰箱竟然有 76 台不合格。随即，张瑞敏跟高层商量如何处置这些不合格的冰箱，有人建议冰箱只是外部划伤，便宜点儿卖给工人。那时候，一元钱能买 10 斤白菜或一斤多花生油或 6 两猪肉。一台冰箱两千多元，是一个工人 3 年多的工资。就算这样，冰箱依然供不应求，抢都抢不上，"纸糊的冰箱都有人买"。张瑞敏却没有听从建议，反而在全体员工大会上宣布：要把这 76 台不合格的冰箱全部砸掉，而且要生产冰箱的人亲自砸。

张瑞敏说："过去大家没有质量意识，所以出了这起质量事故。这是我的责任。这次，我的工资全部扣掉，一分不拿。今后，再出现质量问题就是你们的责任，谁出质量问题就扣谁的工资。"张瑞敏清楚，并不是把冰箱砸掉了，质量马上就变好了，通过这个事情更重要的是提高员工的质量意识，传递一种理念，那就是所有带缺陷的产品都不能出厂。

1988 年 12 月，海尔获得中国电冰箱史上的第一枚质量金牌，从此奠定了海尔冰箱在中国电冰箱行业的领军地位。

在 2017 年首届"人单合一模式国际论坛"的人单合一勋章颁奖典礼上，张瑞敏坦言："如果有一天用户为海尔颁奖，我希望他们在颁奖词只说一句话，那就是'海尔！我离不开你！'"这是海尔一脉相承的用户思维，不管是过去单纯的产品，还是如今的美好生活解决方案，海尔所有的产品都是为了更好地满足用户的需求。

1996 年，张瑞敏在四川成都开经销商会的时候和售后人员座谈。其中一个售后人员开会的时候提出有的用户反馈洗衣机用的过程中容易堵。售后人员上门看了以后发现并不是洗衣机堵，是因为他用洗衣机洗地瓜，所以把排水口堵了。当时，现场的人都在当玩笑听，认为这并不是海尔产品的问题。但是，张瑞敏提出，既然用户用洗衣机来洗地瓜，就不要认为这是个玩笑，他有这个使用需求，他一个人洗地瓜，肯定也有一群人有这个需求，为什么不能开发一个可以洗地瓜的洗衣机呢？后来，海尔就研发了可以洗地瓜的洗衣机。开发当年就卖了十几万台，累计销售两百多万台。

张瑞敏坚信"上下同欲者胜"，树立了海尔"人的价值第一""员工第一"的理念。

在海尔发展情况有所好转，有能力为员工分发福利的时候，工人们希望能有一个煤气证，公司就拿一批冰箱换回来煤气证，每一批换的不多。当时，张瑞敏定了一条规定：三班的先发，发完他们之后给换两班的，两班的完了之后给常规班的，最后是管理人员，到最后是他自己。分房的时候，也是先给大家分，就算房子再紧张，也是先给工人后给领导。当时，一个生产线上的老工人分完房之后，在院子里扫院子。张瑞敏问他为什么要扫院子？他说：从来没想到普通工人也能分到房子，无以报答就天天早上扫院子。

正是张瑞敏以身作则、将员工价值放在首位的做法，形成了海尔"上下同欲"的创新创业精神，成功实现了一次次的战略转型。

张瑞敏认为：企业家精神也应该从熊比特的"创造新破坏的精神"变成德鲁克"人人都是CEO"的精神，也就是要搭建人人都有机会成为创业家的平台。他首创人单合一模式，打破企业层级，员工变成了可以自主创新创业的创客，海尔变成了出创客的平台。

正如张瑞敏为海尔董事局大厅一楼那棵菩提树所提的"菩提萨埵"，张瑞敏希望在他之外，有千千万万的人因"人单合一"模式成为具有自主创新创业精神的企业家，成就"独木成林，大方无隅"的愿景。如今，海尔平台上有两百多个创业小微，他们在更多领域实践海尔创业三十多年积淀的创新创业精神。通过人单合一模式跨行业、跨文化的复制，在更广阔的范围内创造了更多的创业家。

从 20 世纪 80 年代一锤砸出了企业的灵魂，到打破组织，变身创业平台的转型。张瑞敏凭借对时代的超前洞察力和自我变革的勇气，始终在下"先手棋"。在他看来，"没有成功的企业，只有时代的企业"。现在，海尔转型已经取得了扎实的业绩：2017 年，全球营业额超过 2400 亿元，白色家电全球市场份额连续 9 年排名首位。

思维启示

1. 一个企业最重要的不是有多大规模，而是能不能在不同的时代都踏准时代的节拍。

2. 企业家只有两只眼睛不行，必须要有第三只眼睛。要用一只眼睛盯住内部管理，最大限度地调动员工积极性；另一只眼睛盯住市场变化，策划创新行为；第三只眼睛盯住国家宏观调控政策，以便抓住机遇，超前发展。

3. 能者上，庸者下，平者让。谁砸企业的牌子，企业就砸谁的饭碗。

4. 盘活企业，首先盘活人。如果每个人的潜能发挥出来，每个人都是一个太平洋，都是一座喜马拉雅山，要多大有多大，要多深有多深，要多高有多高。

5. 企业强大难，保持长盛不衰更难。重要的不是个别人，一部分人，而是全体人员，即每一个细胞都充满活力才行。

李彦宏

北大毕业生，美国海归，华尔街精英，硅谷人才，互联网先锋，纳斯达克上市公司创始人……一路走来，李彦宏的履历似乎永远镶着金边。只不过和众多按部就班的留学生不同的是：从1987年上大学开始接触"搜索"，三十多年来，李彦宏只做了一件事，那就是"搜索"。

专注是李彦宏不变的坚持，也是他事业成功的法宝。"人生是短暂的，可以做事业的时间是有限的，可以支配的各种资源也是有限的。把一件事情做到极致需要非常的专注。把主要精力放在一个地方才能做得比别人好。"正是基于这种信念，李彦宏才有了今时今日的成就。

1999年，百度以"搜索"起家，李彦宏迈出了他自主创业的第一步；十几年后，百度市值上千亿元，可百度还是一心一意地执着于"搜索"。为了保证百度坚持做"搜索"的核心目标不动摇，李彦宏给公司的资源分配定下"721"原则，即70%的资源都投向搜索，20%投入到与搜索相关的业务如贴吧等，10%投入到新兴业务。很多人不解，在各大企业都纷纷走向多元化的今天，百度为什么还要如此"从一而终"呢？

在李彦宏看来，与其花大力气在一个并不擅长的领域和别的强大对手竞争肉搏，还不如在自己领先的领域集中精力保持领先地位。"对手都很强大，如果自己因为多元化而分散力量，最后却丢掉自己的地盘，那才是得不偿失。"这就是李彦宏的清醒。百度的最大优势就是技术，而技术的变化太快，没有专注的保障和巨大的投入，百度的领先地位就极易动摇。

其实，李彦宏和百度对"搜索"专注的认识也是一个逐步深化的过程，百度试水过彩信、分类广告等业务，但都是浅尝辄止。用李彦宏自己的话说："这（明确专注的策略）也是一个逐渐的过程，我也不记得什么时候就变得更清晰了。因为百度的文化比较宽松。每个人都有很多想法，我作为CEO，我的工作就是看Idea，他们把10个想法拿过来，我9个都会说'NO'。我为什么会说'NO'。绝大多数情况下是说这个东西跟'搜索'没什么关系，所以我说了'NO'。就是经过这样的一个过程，慢慢总结出来，其实我们90%的资源应该花在跟'搜索'相关的事情上。"

当然，李彦宏专注的另一个原因就是看到了做搜索引擎的巨大潜力，既然这个市场依旧大有可为，又何必自寻烦恼、另辟蹊径呢？他一直在澄清百度多元化的传言，"我们不准备进入其他领域，原因就是因为现在搜索引擎的市场太具有吸引力，它的潜力太大了，在这上面如果能够做好的话已经能成就一个非常非常伟大的企业了。所以，我觉得百度今后的思路肯定还是大规模地在搜索技术上进行投入，并一直保持技术的领先地位，争取能够给网民提供最好的搜索体验，让他们形成一种认识——到百度来能很快地找到他想找的东西。只有做到这一点，一个搜索引擎公司才能发展，才能壮大，才能获利更多。"

目前看来，百度作为主流的搜索引擎，有着自己固有的盈利模式，百度业绩始终保持着快速增长，这些都足以给李彦宏充足的信心："目前，我们的用户只有三十多万家企业，而中国有两千多万家企业。因此，利用搜索引擎进行企业推广的这块市场，在国内还处在极早期。未来5年、10年甚至15年，这个市场将高速成长。"因此，李彦宏始终坚定地相信，"百度，在搜索领域还将大有可为。"

这个世界太大，可以做的东西太多，企业必须找到自己的定位，贪多的结果往往是一事无成。这是一个很多人都知道的真理，但要做到却很难。李彦宏有他坚守优势战略的考虑，他更相信企业不能完全成为利润的奴仆。"企业做到一定程度，对财富的渴望都不那么强烈了，我们追求的是一种理想、一种信念，用技术改变生活是我的梦想，而'让人们最便捷地获取信息，找到所求'是百度的使命。因此，我们会坚持专注下去。"

专注的结果就是百度在搜索领域越做越好，自2006年以来，百度一共推出了大大小小数十个极具针对性的搜索服务，几乎每个月都有新的特定搜索产品亮相，远远超过其他搜索网站，这些产品已经形成了一个庞大的垂直搜索矩阵。百度的细分搜索，已经涵盖博客、词典以及专利等多个领域，而且各种新细分领域的检索服务还在源源不断地涌现进来。这一切，都让百度将对手远远地甩在了后面。

2005年8月，百度在纳斯达克成功上市，首日股价涨幅达354%。一个月后，百度的内部刊物《简单》呱呱坠地，这一期也是百度上市的纪念版。为此，李彦宏亲自为刊物命名。这是一个很怪异的标题，但李彦宏在卷首语里有他自己的解释，也是李彦宏的上市感言，他说，"作为中国的企业公民，我们应该知道我们所肩负的重任——百度人民很行。这就是我最简单的信念。"《简单》创刊号正好 100 页，暗合百度的"百"字。据说，这份创刊号后来还用于百度的对外推广活动，成为粉丝们的奖品，受到很多人的欢迎。

尽管是纪念上市之作，《简单》这一刊物却被一直保留了下来。一开始是纸质的双月刊，但编辑人员很快感觉到矛盾，在一个互联网极度发达的年代，身为 IT 行业领军人物的百度居然还在使用 60 天才出版一本的纸质内刊，未免太过黑色幽默。于是，百度的电子杂志《简单》周刊很快诞生了。后来几经发展，从 2006 年 1 月起正式固定为双周刊，甚至发展成为百度信息传递、内部教育和员工交流的平台。

"百度的工程师文化讲究求实，而求实的第一步就是简单，不相关的事情不去想，同事之间的关系非常简单。"百度内刊负责人曾经这样说。由此可见，"简单"二字已经完全超越了一个内刊标题的意义，成为百度的一种特有的文化。

我们听惯了各大公司用形形色色、激动人心的话作为公司的文化口号，但用"简单"二字作为公司文化的，恐怕还是百度独此一家。这当中自然也包含了李彦宏的智慧。在 2008 年 12 月份的公司内部讲话中，李彦宏是这样阐述"简单"内涵的："这个公司的文化，能够使得大家做事情的时候效率比较高。比如说没有公司政治，人和人之间的关系非常简单。这样，公司的执行效率就会比较高。因为不需要再花精力去想别的乱七八糟的事情。"

简单，在李彦宏看来，是一种锁定目标排除干扰的管理模式，也是一种能关注客户需要，减少枝节的技术处理。这一点，我们从百度那仅仅 4K 的简单主页就可以略知一二，有人开玩笑说，李彦宏恨不得将整个互联网都浓缩到一个简单的搜索框里。只是，开这句玩笑的人可能没想到，几年之后，敢想敢干的李彦宏还真的就推出了"简单无比"的"框计算"，让用户更加简单地使用互联网，使用搜索引擎。因此，百度在不断实现搜索细分的同时，也在关注融合搜索的研究，细分使得功能越来越复杂，但在李彦宏看来，互联网的精神就在于使网络更加简单化。

集中力量去追求所要追求的目标，因为简单，从而更加专注——这就是李彦宏的思维方式，而丢掉包袱、轻装上阵的百度，也在和对手的"竞争长跑"中越来越快、渐行渐远。

思维启示

1. 伟大的创新有时就存在于某些看起来不成熟的想法里。所以，我们要鼓励员工的每一次创新，舍得给他们机会去试错。有时候，明知风险很大，仍然可以让他们去做。可以小规模地尝试，如果结果不好，退回来就是了，但试错中得到的宝贵经验却可以让团队大步成长。

2. 世界上没有一劳永逸的事，问题总是千姿百态、层出不穷，但我们永远应该做"制造印钞机"而非"手工打制铜钱"的事情。遇到问题，多问几个为什么，找到根源，用系统的解决方案根除它，才可以为组织不断增强免疫力和提升工作效率。

3. 面对快速变化的外部环境和快速发展的产业，如果能及时准确地把握产业机会，就可能回避风险并快速获得成功，这一切都取决于一个人的判断力。

4. 无论一个公司取得多么大的成功，都别放下危机意识——哪怕片刻。所以，请记住，最好永远把自己当做一家胸怀远大理想的小公司。

5. 一个人的知识与阅历再丰富，其覆盖面也总是有限的。在一个真正的团队里，每个人都应该向后来者无私地分享团队已有的知识、经验与教训，让他/她站在前人肩膀上迅速成长。如果每个人都能做到主动分享，我们在一起就不再是加法，而是乘法了，团队的效率与"智商"才会不断提高。

宗庆后

宗庆后适逢历史性的市场机遇，依靠过人的勤奋、智慧、胸怀与胆略，方成大器。

1985 年，各大城市的亏损国企纷纷开始尝试承包责任制。特别那些亏损大、效益差的小企业，纷纷以承包的形式"下放"给了个人经营。在这个大背景下，杭州市上城区教育局也做出决定，要将教育系统内几家效益不好的企业承包出去。

1987 年 5 月 1 日，杭州上城区校办企业经销部，在杭州城东清泰立交桥北侧一处暂借的办公楼里挂牌成立，宗庆后勇挑重担，成为负责人，并承诺一年赚取 10 万元的利润。在找到新的经营模式之前，宗庆后还得继续骑着三轮车在各个学校之间卖些橡皮、作业本之类的小东西。但是，这些小文具每件利润只有几分钱，加之市场有限，这个经销部成立不久就面临危机。让经营部走出困境是因为宗庆后捕捉住了另一个机会。有一次在看报的时候，一种名为"中国花粉口服液"的儿童营养品引起了宗庆后的兴趣。因为当时保健营养品在中国刚刚兴起，而且这种口服液定位独特，针对儿童，有一定差异性。儿童最集中的地方是小学的学校。所以，学校成了宗庆后这段时间跑得最勤的地方，他与周边各学校的主管部门领导都非常熟悉。宗庆后想：如果让自己的经营部利用校园渠道来推销这种口服液一定没有问题。巧合的是，此时生产口服液的厂家因开拓市场需要，更是主动找到了宗庆后。双方一拍即合。对于过去只经营学生用品和棒冰的宗庆后来说，代理儿童营养液可是一项利润不菲的大买卖。创业一周年，宗庆后拿出了一份很漂亮的成绩单，全年销售总额 436 万元，员工也增加到了 130 人。

规模扩大之后，问题也跟着来了，要养活一个 130 人的企业需要有足够的利润。这时，又有媒体报道花粉含有激素，如果属实，宗庆后面临的将是工厂倒闭、自己无货可卖的境地。宗庆后向厂家提出研发新产品，但他们并不同意。无奈之下，他只好决定开发自己的保健品。要做新产品，生产和技术都没有问题，就是缺配方。而要开发配方，首先要搞清楚目标消费者是谁。

宗庆后委托某机构做了一番市场调查，发现市面上共有 38 种营养液，目标消费者主要是成人，没有几款产品是专门针对儿童的。根据他们对 3006 名小学生的调查，44.4% 的学生都有营养不良的问题，不同程度地缺钙、锌、铁等微量元素。宗庆后的女儿宗馥莉也轻度厌食。宗庆后觉得这是一个大市场，便决定专门开发儿童口服液。

配方研发人是朱寿民，他是浙江医科大学医学营养系的教授，专门研究儿童偏食、挑食、厌食和营养不良等问题，他是该领域的权威。起初，朱教授不愿意来，因为宗庆后的企业又小又土，看上去不像能成大事的企业。宗庆后便发扬起"三顾茅庐"的精神，一次又一次地登门拜访，并承诺提供 5 万元的开发经费。最终，他感动了朱教授。

朱教授结合中医学及现代营养学理论，应用桂圆、红枣、山楂、莲子、胡桃、米仁和鸡肝等原料，开发出一款极佳配方的饮品——娃哈哈。宗庆后采纳了这个配方，不过，他没有用朱教授的理论描述该配方，而是采用了当时最流行的"微量元素"理论，标明其中钙、锌、铁的含量各是多少。

产品研制出来后，宗庆后便带领着团队开拓市场。从 1989 年到 1991 年，3 年的时间里，宗庆后把触角伸向全国各地。他把进军全国的首个目标选在了经济发达、市场空间大的上海。上海是离杭州最近的全国商业中心，交通便利，四通八达，物流运输快捷，对于大本营在杭州的娃哈哈而言，市场开拓成本最低，却又具备全国性的战略意义。

"舍不得孩子套不住狼"，宗庆后几乎拿出之前在浙江市场上攒下的全部家底，孤注一掷地砸向上海的电视和报纸，全方位地进行媒体轰炸，让上海人对这个来自杭州、在农村乡下 15 年的人刮目相看，带着谨慎的心态和好奇的心理，试着给孩子买儿童营养液。结果发现，喝了娃哈哈，孩子的胃口真的变好了，这下他们相信广告上说的没错，口碑迅速传开。仅用 1 年时间，宗庆后就用他的"三板斧"顺利"砍"开了京、津、沪 3 座城市的大门。

娃哈哈的主力在饮品行业，他努力让娃哈哈的产品种类更丰富、更有竞争力。我们不妨看一下娃哈哈系列产品的推出时间：娃哈哈果奶——1991 年；纯净水——1996 年；第二代 AD 钙奶——1998 年；非常可乐、非常柠檬、非常甜橙等"非常"系列饮料——1998 年；非常茶饮料、冰红茶、有机绿茶——1999 年；娃哈哈纯牛奶——2000 年；娃哈哈果汁、高钙果 C 系列产品——2002 年；功能饮料"激活"——2004 年……目前，娃哈哈已经形成由乳饮料、瓶装水、碳酸饮料、茶饮料、果汁饮料、罐头食品、保健品、休闲食品等八大类 60 多种产品组成的"长蛇阵"。

娃哈哈通过做大产品线来进行侧翼进攻，通过广告和品牌推广，在同类型的产品上进行发力。当对手在抢得一定市场、实力耗尽并不得不提高一定的价格来保证利润时，娃哈哈突然发动迅猛的反击，加大促销力度，一举将对手击垮。

当娃哈哈向对手进攻时，"长蛇阵"更是发挥了作用，牺牲阵中某一个点和对手拼到底，但在其他点就可以将损失的利润补回来，照样通过消耗战将对手拖垮。

比如，娃哈哈与乐百氏在果奶市场和纯净水市场打了一场多年的持久战，但娃哈哈在非常可乐上的布局使娃哈哈赢得了一个新的利润增长点。所以，持久战打到最后，乐百氏面临巨大的资金压力，不能不向"外资"低头。当乐百氏陷入困境，无暇反击时，娃哈哈趁势出击，一举收复失地。

经过十几年的经营，娃哈哈成了中国食品饮料业的"巨无霸"，宗庆后更是在 2010、2012、2013 年 3 次问鼎中国富豪榜首富宝座。2016 年，他以 930 亿元财富，在富豪榜位列第四。

三十多年来，宗庆后心无旁骛，以超乎常人的耐力，坚守着自己的实业帝国。他对自己要求特别高，事事以身作则，自称"可能是全世界喝过饮料最多的人"。一路带领娃哈哈高歌猛进，成为中国乃至世界的饮料巨头。

宗庆后三十多年来的艰苦奋斗和超出常人的耐力值得每位读者细细品味和学习。

思维启示

1. 我认为做企业要有这些素质，特别在中国市场上，那就是诗人的想像力、科学家的敏锐、哲学家的头脑、战略家的本领。

2. 世界上成功的都是行动派，有时候你很幸运，看似虚无缥缈的理想，因为你的行动，就成功了。成功很艰难，有时候却又那么简单。

3. 成功的人一定有一项特殊的技能，那就是苦中作乐，随遇而安。坚持下去，带着希望坚持下去，不让自己匍匐在命运的脚下，然后，生命中才会突然出现开阔地带。

4. 凡是我认定的东西，不管有多少人反对，我都会坚持。因为我已经预见了前面的风景，看透了未来的发展在哪里。这种预见、这种看透并非偶然，是建立在对市场的无数次缜密而细致的观察、调查和思考上。

5. 市场变化太快，任何一个变数都可能置你于死地。所以，我们其实一直在为生存而战，来不及制定什么战略，也没那么多时间去思考所谓的战略。我思考的只是生存，更好地生存。

陶华碧

"老干妈"陶华碧的创业故事让人惊叹不已，把老干妈做成全国知名品牌，甚至远销国外，如今"小辣椒做成大产业，默默闷声发大财"。或许，用这样的词语形容陶华碧的成功，显得有些"俗气"。因为她的成功，源于她的诚信务实，源于她对产品的极致追求，源于她一步步积累品牌价值的执着。她的思维方式，最朴实也最珍贵。她的致富之路，是那么朴实，却又那么坚实。

命运给了陶华碧的人生太多坎坷。结婚后不久，一场重病夺走了她的丈夫。为了赚钱养活孩子们，陶华碧开始经营一些小买卖。她晚上通宵达旦地做米豆腐，白天用背篓背着到龙洞堡的几所学校门口售卖。

1989 年，陶华碧用自己卖米豆腐辛辛苦苦攒下的一些钱，在贵阳市南明区龙洞堡贵阳公干院的大门外侧，开了一家专门卖凉粉和冷面的小吃店。陶华碧卖的凉粉是用自己做的豆豉麻辣酱来拌的，很多人吃了以后，连连喊："好吃！好吃！"有一些客人在吃完凉粉以后，还会买一些麻辣酱带回家，甚至有人不吃凉粉却专门来买她的麻辣酱。

1994 年，贵阳开始修建环城公路，原本位于偏僻一隅的龙洞堡成为贵阳南环线的主干道，途经这里的司机越来越多。这些司机成了陶华碧的饭店的主要客源。这时，陶华碧本能一般的商业天赋第一次得到了发挥——她开始免费向这些司机赠送自己制作的豆豉麻辣酱、香辣菜等小吃和调味品，大受欢迎。

得益于货车司机们的"口碑宣传"，"龙洞堡老干妈辣椒"的名号在贵阳越来越响。很多人听说后，为了尝一尝这美味的辣椒酱，不惜开车几十公里来陶华碧的"实惠饭店"吃饭。对于这些慕名而来的客人，陶华碧当然非常欢迎，为了表示感谢，她还对他们半卖半送。渐渐地，来这里吃饭的人越来越多了，她开始感到"送不起"了。

既然这么多人是为了辣椒酱而来，那为什么不干脆以辣椒酱作为主营产品呢？1994 年 11 月，陶华碧把"实惠饭店"的招牌拿了下来，换上了"贵阳南明陶氏风味食品店"。从那之后，这家原来卖米豆腐和凉粉的小吃店就转型为了主营辣椒酱系列产品的食品店。那时，陶华碧白天卖货、开饭店，晚上就在店里用玻璃瓶包装豆豉辣椒，经常手脚不停地忙到凌晨 4 点才能完工。抓紧睡两个小时，6 点她就又得起床，开门营业。虽然她每天忙得就像陀螺一样，但辣椒酱还是供不应求。

龙洞堡街道办事处和贵阳南明区工商局的一些干部们感到这是一个不可多得的商机，于是就前来劝说陶华碧，让她放弃这样的小本经营，开办食品加工厂，专门生产辣椒酱。1996 年 8 月，经过深思熟虑之后，陶华碧做出了一个决定：踏上创业路，让更多人吃到自己的辣椒酱。她从南明区云关村村委会租借了两间房子，在这简陋的屋子里，办起了辣椒酱加工厂，牌子就叫"老干妈"。这一年，陶华碧已经 50 岁了。

一开始，那些食堂和商店都不愿意花钱购买这种名不见经传的辣椒酱，害怕会赔本。陶华碧就想了一个主意：与他们协商，将辣椒酱摆在食堂和商店的柜台上，等卖出去了以后再收钱。如果卖不出去，她就会给他们退货，这样，商家所承受的风险就降低了。这时，很多商家才愿意试销。几天以后，那些食堂和商店争先恐后地给陶华碧打电话，说辣椒酱全都卖出去了，让她抓紧时间再送一些过来。于是，陶华碧派员工又送了一批货过去。没过多久，这批货竟然又被抢购一空了。

不管是从农户那里收购辣椒，还是把辣椒酱卖给经销商，陶华碧一直坚持着一个原则：现款现货。"她从来都不欠别人一分钱，别人也不能欠她一分钱。"这个朴素的经营理念，她坚持了一辈子。所以，"老干妈"没有库存，也没有应收账款和应付账款，只有高达数十亿元的现金流。很多人觉得这是一个奇迹，但在陶华碧看来，这是再平常不过的事情了。

陶华碧生产的"老干妈麻辣酱"经过了市场的考验后，1997 年 8 月，她创立了"贵阳南明老干妈风味食品有限责任公司"。从手工作坊式的小工厂转型为公司，员工一下子增加到了两百多人。如何管理公司，成了陶华碧面临的最大难题。在她看来，最好的管理方式就是亲情式的管理。人心都是肉长的，对员工进行感情投资，才能真正征服他们的心，才能让公司得到最大的收益。最初，制定公司的规章制度的时候，陶华碧就把这一点当成最重要的元素。比如，考虑到公司在郊区，比较偏远，交通不便，员工们吃饭难，陶华碧就规定：所有员工一律由公司包吃包住。后来，"老干妈"的员工从两百多人发展到一千多人，这个规矩仍然没有废止。这么大的企业，一直这么实行全员包吃包住，可是一笔庞大的开支，谁敢这么做？陶华碧却从不会在这方面缩减开支。

除此之外，她还会身体力行地关心员工，在员工想不到的地方给他们关怀与体谅。每次有员工出差，陶华碧就会像老妈妈送儿女们出远门一样，在家里为他们煮上几个鸡蛋，让他们带着在路上吃，然后把他们一直送到公司门口，看到他们坐上公交车之后，才会放心离开。

陶华碧明白一个最朴素的道理：关心一个人，就会感动一群人；关心一群人，就会感动整个公司的员工。果然，这种源源不断的感情投资，深深地感染了许多人，使陶华碧和"老干妈"公司的凝聚力越来越强。员工们都把陶华碧当成自己的妈妈一样敬爱。在公司里，他们对陶华碧的称呼不是"董事长"，而是一声亲切的"老干妈"。公司里的员工来自全国各地，无论是生活习惯，还是性格都各不相同，他们每天在公司里吃、住、工作、生活，时间一长，彼此之间难免会闹矛盾，但只要陶华碧出面，这些矛盾都会瞬间化解。就这样，公司全体员工在陶华碧"妈妈"般的呵护和关爱下，团结一心地为"老干妈麻辣酱"的蓬勃发展努力拼搏着。

随着公司发展越来越好，陶华碧越来越感到自己过去一直使用的"土方法"已经无法适应激烈的市场竞争了，必须与时俱进。于是，她决定来个"他为我用""借智借脑"，为公司引进现代化的管理方式。她把公司的中高层管理人员派到北京、上海、深圳等大城市，让他们对市场进行仔细的考察，到一些著名的大企业学习先进的管理知识。在这些管理人员临行之前，陶华碧坦诚地对他们说："我承认自己是一个'老土'的人，我已经无法改变了，但你们可千万不要像我这样，你们不能土，公司不能土。你们每个人出去以后，都要给我学一点新知识回来！"这一招真的发挥了作用，派出去的管理人员陆续"学成归来"以后，在他们的带领下，公司很快就走上了一条科学化、规范化、现代化的管理之路。

看来，感情不光会形成凝聚力，更会产生源源不断的生产力！依靠着最朴素的感情，依靠着一位企业家的敏锐直觉，陶华碧悟出了这个道理，这个简单的道理也帮助她把"老干妈"经营得越来越好、越来越强。

现在的"老干妈"，累计产值已经达到了十几亿元，每年纳税将近两亿元，在中国民营企业里是数一数二的。一个从没上过学的农村老太太竟然能带领企业创造这么辉煌的成绩，这不是神话，却胜似神话。

思维启示

1.我们有多大的本事，就做多大的事，实实在在来做，这样子比较长长久久。

2.一个人在遇到困难的时候，绝对不要让步，绝对不要跟对方妥协，就要跟他打。要打仗，还要打赢。

3.大家公平竞争，要讲究正义和良心。你要有本事，自己去创造一个品牌，我觉得你是伟大的。但是，我们有一个品牌，你就仿冒、搭车，甚至去抢注，那不行。我创出来的，就得是我的。我这个人，真金不怕火炼，我不怕。

4.人有压力，就会有动力。

企业家的领袖之道

人固有一死

或重于泰山

或轻于鸿毛

普通人活着

是生存

追求钱权名利地位

车子房子

很在意别人的看法

缺少思想和灵魂

希望活成

众人的寄托

企业家活着

是活法

追求价值意义境界
灵魂和活法
很在意心灵的超脱
忽略了外在的形式
希望活成
心中的自己

不同的人生
不同的阶段
不同的理解
拉开了距离
有了境界和层次
有了不同人生追求
构成了斑斓的世界

人为什么而活着
活着又为了什么

看滚滚红尘
忙忙碌碌
追逐着各自的目标
叹生命短暂
来去匆匆
如白驹过隙何去何从

放眼生命蜕变
人生下来

呈现的是生存的本能
小学初中
追求的是天真的梦想
大学毕业
面临的是生存的压力
职业晋升
获得的是能力和财富
创业之路
彰显的是
自我价值的追求
企业家成功
获得的是
社会地位和财富自由

在这之后
金钱已没有意义
很多人
会纵情尘世
迷失了追求和方向

然
财富有限
芸芸众生
需求无穷

故
授人以鱼

不若
授人以渔
传道授业
是为企业家

普通人
经营商品
解决功能问题
赚钱为本是商人

企业家
经营商业
成就上市公司
成就事业

能者立功
志在做成一件事
学者立言
志在万世之师表
圣人立德
成为人类灵魂建筑师

故
商人之后是企业家
企业家之后是慈善家
慈善家之后是教育家
教育家之后是思想家

思想家之后是哲学家

哲学家之后

穿越了伟大

幻化成不朽与永恒

普通人

经营生意是商人

企业家

经营事业是企业家

企业家志在于

传承智慧

传承思想

传承精神

传承信仰

传承文明

铸就企业家的领袖之路

严兆海写于深圳

丙申年·腊月初四

戊戌年修改